Een Echte Groeneveld is onbuigza

Een Echte Groeneveld
is onbuigzaam

Gerrit Wolters

Wie waren de ouders van de ouders van mijn ouders?

Inhoud

Pagina

Voorwoord 5

Proloog Een raadselachtige familie 7

1 Garmerwolde sterft van de Groenevelds 14
2 Boer Wigbold Groeneveld zoekt vrouw 20
3 Rijke neef + welgestelde nicht vrijt licht 21
4 Romeo van Maar en Julia Groeneveld 32
5 ‘Oorlogsgebied’ Ter Laan 39
6 Het Groeneveldgeld klotst tegen de hooizolder op 43
7 Het in alcohol verdampte bezit van Martinus Groeneveld 52
8 Aan lagerwal geraakte ‘herenboer’ 62
9 Een sjacheraar zonder geld 67
10 Woltersum kopje onder? 70
11 Wil de echte Tjaakje opstaan? 72
12 Het raadsel Rheine 76
13 Gastarbeiders zonder vetpot 80
14 Een schatrijk familiealbum uit Rheine 84
15 Verbonden met ‘ons fabriek’ 89
16 Waarom weg uit Rheine? 92
17 ‘Kus des doods’ voor opa Jan Wolters 95
18 Blaffen als een Hondebrink 99
19 Het wonder van Dachau 104

20 De onverklaarbare Groeneveld-ziekte 107

21 De ziekte heeft een naam gekregen: cerebellaire ataxie 115

22 Het oplopertje van Hermina Groeneveld 119

23 Iedereen wist dat Jacob de vader was 126

24 Een Echte Groeneveld is onbuigzaam 131

25 'Kale kakmadam' verbrak alle banden 137

Bronnen 140

Colofon 142

Nawoord 148

ISBN 978-94-93175-19-8

Druk: PrintSupport4U, Steenwijk

Uitgever: Uitgeverij Van Warven, Kampen, www.uitgeverijvanwarven.nl
06 29 93 73 09

Disclaimer: uitgever en auteur hebben hun uiterste best gedaan alle rechthebbenden van de gebruikte illustraties te achterhalen.

Voorwoord

'Er gaat een opa dood. Een oma. Later volgt een oom of tante. En op een dag is het je vader of moeder en is er spijt om wat je nooit hebt gevraagd. Nu sluit zich het verleden. Wat weet je van de stam waaruit je geboren bent?'

Die woorden van Hans Goedkoop, historicus en presentator van het tv-programma Andere Tijden, heb ik blijkbaar te laat tot me laten doordringen. Pas in 2009 - ik ben dan 64 en gestopt met mijn dagelijkse journalistieke werk - word ik gegrepen door dat speciale nieuwsgierigheidsvirus: ik wil alles van mijn familie weten. Genealogie wordt niet voor niets wel eens de meest voorkomende geslachtsziekte genoemd.

Soms is het net alsof je in een achtbaan zit: je tuimelt de hele geschiedenis door. De ene keer speur je naar alles wat met de textielindustrie in Rheine rond 1910 heeft te maken omdat je grootouders daar hebben gewerkt, dan probeer je uit te zoeken wie de onbekende vader is van een familielid in Woltersum en vooral wil je weten welke Groeneveld zijn boerderij in Groningen heeft verzopen.

Maar waarom ben ik niet eerder begonnen? Toen mijn ouders en grootouders nog leefden. Waarom was ik niet eerder nieuwsgierig? Met groot gemak en enthousiasme hadden ze veel van mijn vragen kunnen beantwoorden. Nu heeft het aanvankelijk nabije verleden zich voor een groot deel gesloten en moet ik langs omwegen informatie krijgen. Omwegen als neven en nichten van mijn ouders of hun kinderen, archieven, boeken over de geboortestreken van mijn voorouders, schaarse correspondentie, het lidmaatschap van oudheidkundige verenigingen.

Die onbekende rest van de familie, wat waren dat voor mensen? Wat deden ze voor de kost? Hoe zagen ze er uit? Zouden er gelijkenissen zijn? Zou ik uiterlijkheden of karaktereigenschappen herkennen? Waarom kende ik hen niet? Waarom wist ik niets van hen? Kortom: wie waren de ouders van de ouders van mijn ouders?

"Achter mij zag ik hen die waren heengegaan:

voor mij al diegenen die nog zouden komen. Ik keek terug

en zag mijn vader en diens vader en al onze vaderen.

Ik keek vooruit en zag mijn zoon en diens zoon en

de zonen van al hunnen zonen daar weer achter."

Telkens is het boeiend om familieleden te spreken van wie je het bestaan niet eens vermoedde en die je graag willen helpen meer aan de weet te komen over je voorouders. Elke ontmoeting met een 'nieuw' familielid of de vondst van een 100 jaar oude foto is een cadeautje.

Hartelijk dank voor al die presentjes. Zoveel foto's werden er vroeger namelijk niet gemaakt. Pas na ongeveer 1850 kon het überhaupt en dan nog werd het alleen gedaan bij speciale gelegenheden. Als je zoveel jaar getrouwd was bijvoorbeeld ging je met je gezin naar een studio, waar foto's werden gemaakt op de manier zoals daarvoor portretten werden geschilderd. Van alles werd erbij gesleept: een hekje, een romantische balustrade, een zuil om tegenaan te leunen. Dikke gordijnen en tapijten op de achtergrond, decors met neplandschappen. Wat vooral opvalt: doorgaans kan er geen lachje af. Op de foto gezet worden was een serieuze zaak. Iedereen stak zich in zijn beste kleren, militairen pronkten met hun uniformen, paarden en sabels en kinderen zagen eruit als poppen. Dat soort foto's zullen we in de volgende hoofdstukken geregeld tegenkomen.

Alleen al door je op dat collectieve verleden te focussen, kom je er dichterbij en treed je min of meer in de voetsporen van je voorouders, was mijn ervaring. Je wordt onderdeel van die keten van individuen die ver van je af staan en met wie je toch in veel vezels verbonden bent.

Bedankt allemaal! Het was een boeiende reis.

Gerrit Wolters

Juni 2020 Nunspeet

Proloog

Een raadselachtige familie

'Als de Groenevelds vroeger die kapitale boerderij in Groningen niet hadden verzopen, waren wij nu rijk geweest'. Die uitspraak van mijn moeder, gedaan toen ik een jaar of 10 was, is nooit uit mijn hoofd verdwenen. Niet alleen omdat mij duidelijk werd gemaakt dat wij niet rijk waren, maar vooral omdat buitensporig gebruik van alcohol blijkbaar zo fataal kan aflopen dat ook rijkdom daar niet tegen is opgewassen.

Maar met die losse, deels komisch bedoelde, opmerking van mijn moeder hield het eigenlijk wel op. Meer werd er niet over verteld en ik vroeg blijkbaar niet door. Meer dan 50 jaar later dook ik in de geschiedenis van de Groenevelds en kwam die opmerking direct bovendrijven. Daar wilde ik meer van weten. Wie van mijn voorvaderen had die boerderij verzopen? Raadsel 1 dat moest worden opgelost.

Eigenlijk wilde ik alles weten over de Groenevelds want ik wist hoegenaamd niets van deze uit Groningen afkomstige tak van de familie. Ik kende uiteraard mijn oma Tjaakje Wolters-Groeneveld, de moeder van mijn vader. En ik wist dat ze een zus had, Martha, en een broer, Willem, want die woonden net als mijn ouders in Deventer. En de naam van een andere zus, Hillegonda uit Groningen, viel geregeld.

Maar wat waren de Groenevelds voor mensen? Wat deden ze voor de kost? Hoe zagen ze eruit? Zouden er gelijkenissen zijn? Waarom kende ik hen niet? Waarom wist ik niets van hen? Dankzij veel onderhoudende gesprekken met (vaak verre) familieleden, informatie van historici, kenners van de streek rond de stad Groningen, en het speuren in boeken en archieven kon ik na bijna 10 jaar toch een veel uitgebreider beeld schetsen van mijn onbekende familie dan ik ooit had gedacht.

Rijke graanbaronnen

Met mijn beperkte voorkennis ging ik in 2009 op onderzoek. En wie had kunnen denken dat ik in een familiegeschiedenis belandde die eeuwen terugging? De Groenevelds bleken namelijk te behoren tot de rijkere graanbaronnen en veeboeren van Groningen. Het geld klotste tegen de hooizolder op. Dat stelde hen in staat imposante boerderijen te bouwen en veel personeel in dienst te hebben. De weelde straalde ervan af. De Groenevelds hadden niet alleen veel grond en vee, maar ook veel kinderen. Er is sprake van een zeer talrijk nageslacht. Grondlegger van dit alles was herenboer Leendert Jans Groenveld, die rond 1640 werd geboren en een boerderij had in Garmerwolde.

Veldlust, de boerderij aan de Kollerijweg 88 in Wittewierum vlakbij Woltersum waar voorvader Jan Leenderts Groeneveld (geboren 1665) woonde vanaf 1697. Veldlust is in 2018 nog steeds als boerderij in gebruik, bij de familie Muilwijk. Het is de oudste nog bestaande boerderij die ooit in het bezit van de Groenevelds is geweest.

De Groenevelds deden er alles aan om hun bezittingen veilig te stellen. Vaak werd in zeer beperkte kring gehuwd om zo de talrijke eigendommen te waarborgen. Zo was bloedverwantschap in het Groningen van de 19de eeuw geen enkele belemmering voor een vruchtbaar huwelijk. Mijn betovergrootvader Willem Jans Groeneveld trouwde op 15 mei 1835 met een volle nicht: Martje Klaassens Wijk. Geen probleem, want neef en nicht vrijt licht: het paar kreeg 12 kinderen, van wie mijn overgrootvader Martinus Groeneveld de jongste telg was.

Mijn betovergrootouders Willem Jans Groeneveld en Martje Klaassens Wijk. Samen kregen neef en nicht 12 kinderen, van wie mijn overgrootvader Martinus de jongste was. De foto's werden gemaakt ter gelegenheid van hun 46jarig huwelijk op 15 mei 1881.

'Julia' Groeneveld en 'Romeo' van Maar

Niet alleen neef en nicht maar ook buurjongen en buurmeisje wisten elkaar in die tijd moeiteloos te vinden. Nou ja, moeiteloos… Bijna 3 eeuwen na Shakespeares verboden liefde tussen Juliet Capulet en Romeo Montague speelde zich een soortgelijke romantische tragedie af in het boerenland bij Bedum, waar de orthodoxe calvinist Derk van Maar de omgang verbood van zijn zoon Heine met Jacomina, een zus van mijn overgrootvader Martinus Groeneveld. De Groenevelds - vrijzinnig hervormd - waren in Derks streng gereformeerde ogen te licht in de leer.

'Romeo' van Maar en 'Julia' Groeneveld.

Maar noch de banvloek van Derk van Maar, noch de lap grond en de sloten die er tussen beide boerderijen lagen, konden de verliefde buurkinderen Romeo van Maar en Julia Groeneveld ervan weerhouden elkaar te blijven opzoeken en beminnen. Toch moesten de twee wachten tot Heine 30 jaar was voordat ze elkaar het bevrijdende jawoord konden geven: op 9 mei 1877 gebeurde dat, anderhalve maand nadat Heine 30 jaar was geworden. Heine van Maar heeft na zijn huwelijk nooit meer een stap in de kerk gezet. Ook heeft hij geen enkele zoon naar zijn vader Derk vernoemd, volstrekt tegen de gebruiken van die tijd.

Het Raadsel Rheine

Maar waar zijn al die bezittingen en al dat vermogen gebleven? En hoe kwamen de Groenevelds rond 1900 in Rheine terecht, net over de grens bij Enschede? Ook dat raadsel moest worden opgelost. Want wat moesten mijn grootouders Jan Wolters en Tjaakje Groeneveld daar? In Rheine trouwden ze namelijk. Op 1 juli 1910. Niemand in de familie had enig idee van het hoe, wat en waarom. Later kwam ik aan de weet dat niet alleen mijn oma in Rheine was getrouwd, maar ook twee zussen van haar. Ook met Nederlanders. Wat was dat voor enclave?

Waarom gingen mijn van huis uit welgestelde overgrootouders als gastarbeiders in de Duitse textielindustrie werken?

Dat intrigeerde me. Ik wilde er alles van weten. Een eeuw later kom ik erachter dat mijn overgrootvader Martinus Groeneveld en zijn gezin rond 1900 vanuit het Groningse Woltersum naar Rheine waren verkast. Het boerengezin waarin mijn overgrootvader als jongste van 12 kinderen werd geboren, was rijk en welvarend zoals we net hebben gelezen. Vanwaar dan het besluit om als een soort gastarbeider in de Duitse textielindustrie te gaan werken? Vanwaar die teloorgang? Uit armoe gedwongen?

‘Groeneveld-ziekte’

Een ander raadsel, dat tot op de dag van vandaag actueel is, is de ziekte die de Groeneveldfamilie in elk geval al vele decennia en misschien wel eeuwen heeft geteisterd en nog steeds treft. Drie zussen die tegelijk bedlegerig waren: Martha, Tjaakje en Hillegonda Groeneveld. Wat mankeerde hen? Niemand die het wist. Wel was er altijd de angst bij hun nazaten dat ze dezelfde kwaal zouden krijgen. Mijn vader bijvoorbeeld was altijd bang dat ie hetzelfde zou krijgen als zijn moeder. En dat gold ook voor zijn zuster Annie.

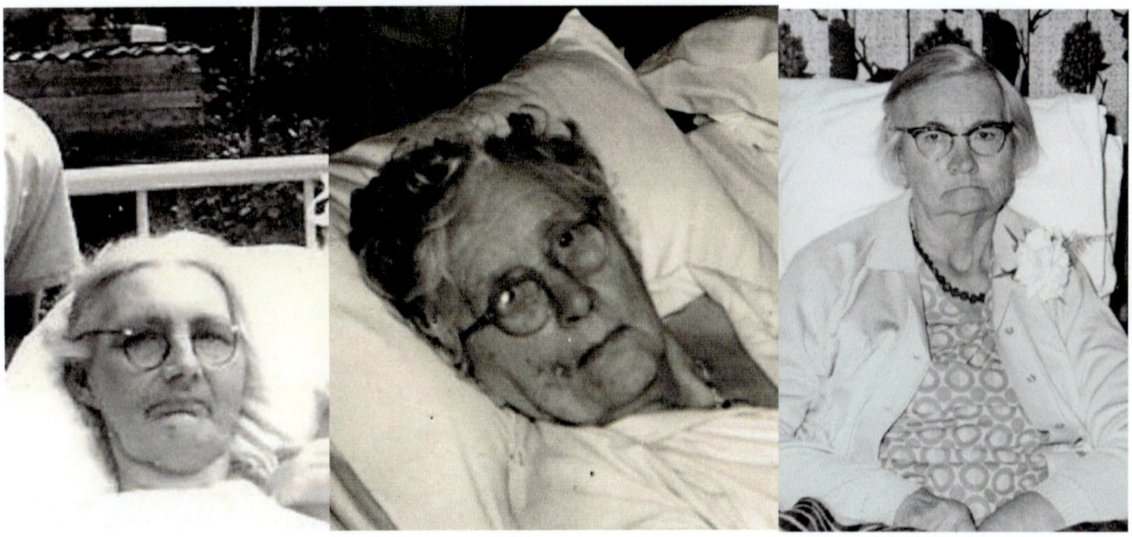

De zussen Martha, Tjaakje en Hillegonda Groeneveld die jaren aan bed gekluisterd waren.

Wat was dat voor kwaal die mijn oma Tjaakje al voor haar 60ste velde en die ook haar oudere zus Martha voor haar 60ste trof, waardoor ze bijna 25 jaar op bed lag. En haar zus Hillegonda? Hoe kwam het dat zij 18 jaar te kampen had met een ziekte waardoor ze aanvankelijk nog achter een stoel aanhobbelde, maar vervolgens ook 14 jaar op bed kwam te liggen? Pas in 2013 kan ik eindelijk een naam geven aan de ‘Groeneveld-ziekte’.

Het ‘oplopertje’ van Hermina Groeneveld

En dan was er nog het raadsel van het onechte kind van mijn oma’s jongste zus Hermina Groeneveld: Martinus Groeneveld, keurig vernoemd naar zijn opa. Het zal 1965 zijn geweest. Wim Groeneveld was een jaar of 6 en stond in een winkel in zijn geboortedorp Ten Boer toen hij werd aangesproken door een wildvreemde vrouw. ‘Hallo, ik ben je oma’, klonk het uit de mond van de rijzige dame. Het was zijn eerste bewuste kennismaking met Hermina Groeneveld, de moeder van zijn vader Martinus, het ‘oplopertje’, zoals ze in Groningen zeggen. De onverwachte ontmoeting was het late begin van een oma-kleinzoon relatie die ook in de jaren daarna nooit wat is geworden. Oorzaak: ruzie tussen zijn vader en zijn oma. Wim: ‘Later, toen ik een jaar of elf was, is het contact tussen mijn vader en zijn moeder weer hersteld. Het duurde anderhalf jaar en toen was het weer mis.’ Dat patroon bleef altijd zo.

Mijn overgrootvader Martinus Groeneveld met zijn 'onechte' kleinzoon en naamgenoot Martinus Willem Groeneveld. De foto is waarschijnlijk rond 1937 gemaakt in Woltersum.

Mina heeft over de hele affaire nooit iets verteld aan Martinus en aan haar latere kinderen. Die wisten niet wie de vader van Martinus was. De tragiek is echter dat dat zwijgen eigenlijk niks opleverde want begin 2014 werd mij verzekerd dat iedereen in het dorp wist wie de vader was. Later woonden Mina en de (on)bekende vader zelfs jaren pal naast elkaar in het piepkleine Woltersum. In al die jaren dat ze naast elkaar woonden werd echter alle contact vermeden. Ook tussen vader en onechte zoon… Een bizarre situatie, 30 jaar lang.

Stijfkoppen waren het…

Dat vermijden van contact, daar waren meer Groenevelds trouwens erg goed in, niet alleen 'oplopertje' Martinus en zijn moeder. Als er ruzie was - en die was er bijna doorlopend bij de Groenevelds - dan werd er een bladzij omgeslagen en die ging niet meer terug. Dan was het boek dicht. Aangetrouwden hadden daar vaak de grootste moeite mee. 'Bij de Groenevelds werd er altijd van de ander verwacht dat die de eerste stap zette. Zelf zouden ze dat nooit doen. Stijfkoppen waren het', krijg ik te horen.

Want wat typeert een echte Groeneveld? Een kort lontje, boos worden om een kleinigheid, zeggen ingewijden. Stijfkoppig en snel op de tenen getrapt, volgens de mensen die het kunnen weten. Nog meer? Jazeker: niet willen buigen, de ander moet de eerste stap zetten. En iemand doodzwijgen, soms weken/maanden/jaren, daar is een Echte Groeneveld ook goed in. Want: een Echte Groeneveld is onbuigzaam!

Ook onderling hadden de zussen Groeneveld (6 in totaal, onder wie mijn oma) het geregeld aan de stok. Een van hen, Johanna, was het geruzie in de familie op een gegeven ogenblik zo zat dat ze alle banden verbrak. Bij het overlijden van overgrootvader Martinus in 1943 in Woltersum liepen de Groningse gemoederen opnieuw hoog op: er ontstond ruzie tussen de zussen over de erfenis.

De verhoudingen tussen de 6 zussen Groeneveld stonden bol van de spanningen en onderling geruzie. Zelfs bij het overlijden van hun vader Martinus in 1943 liepen de Groningse gemoederen opnieuw hoog op: er ontstond ruzie over de erfenis. Johanna Groeneveld was het geruzie in de familie op een gegeven ogenblik zo zat dat ze alle banden verbrak. Op de foto met de klok mee: Martha, oma Tjaakje, Dina, Johanna, Hillegonda en Mina.

Tegenwoordig ligt Woltersum vredig en afgelegen in het Groningse land. Het doet denken aan Het Dorp van Wim Sonneveld: het tuinpad van mijn overgrootvader ligt er nog precies zo. Er wonen maar 300 mensen. En geen enkele Groeneveld meer. Zo heerlijk rustig…

Het Dorp van Wim Sonneveld: thuis heb ik nog een ansichtkaart…. Woltersum in 1925 met helemaal rechts mijn overgrootvader Martinus Groeneveld.

Hoofdstuk 1

Garmerwolde sterft van de Groenevelds

Een speurtocht naar het verleden beginnen op een begraafplaats blijkt niet zo'n slecht idee. Op het kerkhof van Garmerwolde onder de rook van Groningen-stad vinden we meer dan 30 graven met Groenevelds. Je hebt ze voor het uitzoeken.

De Groenevelds uit mijn familie komen oorspronkelijk allemaal uit dat boerderijdorp Garmerwolde (een kleine 600 inwoners) in de gemeente Ten Boer, op ongeveer 2 kilometer van de Groningse buitenwijk Lewenborg. Bij de boerderijen hoorde doorgaans veel land. De streek rond Ten Boer gold als een uitgesproken melkveehouderijgebied. Onder Garmerwolde en het nabijgelegen Thesinge werd uitstekend vee gehouden, zo blijkt uit een beschrijving van de landbouw in 1868.

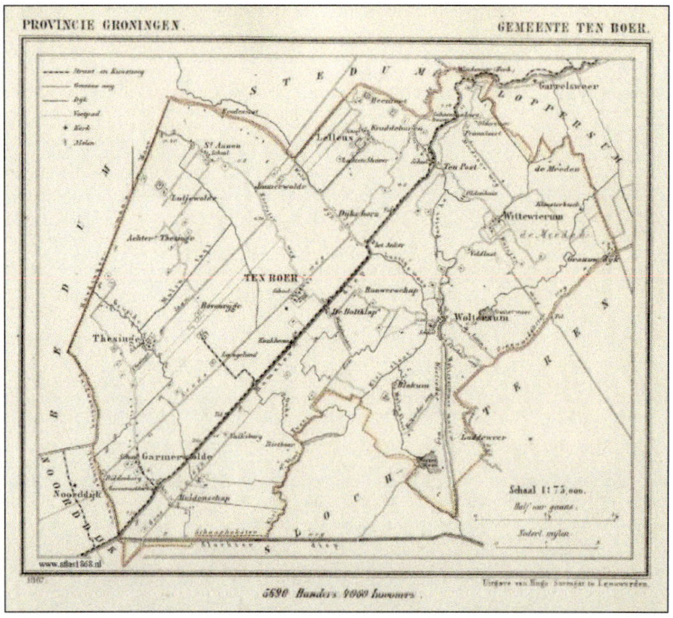

Een kaart van de gemeente Ten Boer uit 1868 met plaatsen als Woltersum, Garmerwolde, Thesinge en Sint Annen, waar allemaal Groenevelds woonden en wonen. Bijna 150 jaar later, in 2016, blijkt Ten Boer met 7400 inwoners de veiligste gemeente van Nederland te zijn. Burgemeester Van de Nadort: 'Het heeft zijn charme dat mensen hier nog de achterdeur of de deur van de schuur openlaten, maar eigenlijk kan het niet meer'.

De Groenevelds hadden niet alleen veel vee, maar ook veel kinderen. Er is sprake van een zeer talrijk nageslacht. Grondlegger van dit alles was herenboer Leendert Jans Groenveld (zonder e), die rond 1640 werd geboren en een boerderij had aan de Waschuysterweg in Garmerwolde. Zijn zoon Jan Leenderts (geboren 1665) woonde vanaf 1697 op de boerderij Veldlust in Wittewierum vlakbij Woltersum, die tot 2013 als boerderij in gebruik is geweest. Tot dat jaar was het de oudste boerderij die ooit in het bezit van de Groenevelds was. Voor melkveehouder Aart Muilwijk werd het in standhouden van het in 1851 opnieuw opgebouwde herenhuis te kostbaar: 'Er moest een nieuw dak op, de kozijnen waren aan vernieuwing toe, er was weinig comfort en de verzekeringspremie was hoog. In 2013 hebben we een sloopvergunning aangevraagd en daarna nieuw gebouwd'.

Veldlust aan de Kollerijweg in Wittewierum voor de sloop in 2013.

100 gulden plus een vette gans

Het eerste tastbare bewijs van het geslacht Groeneveld dat mij onder ogen komt, is het geboortebewijs (15-07-1759) van Jan Leenderts Groeneveld, mijn bet-bet-betovergrootvader, eerst getrouwd met Jacobje Everts en daarna met Stientje Koster. Hij is ook degene die in 1812, in de Franse tijd, de naam Groeneveld heeft aangenomen. Een jaar eerder had Napoleon met een decreet iedere Nederlander verplicht een achternaam te dragen.
Jan Leenderts woonde vanaf 1807 op boerderij De Witsenborg in Ellerhuizen bij Bedum en overleed daar ook (in 1826). Hij was zogeheten beklemde meier van de boerderij: iemand met een vast en vererfend gebruiksrecht van landerijen tegen betaling van pacht en het geven van geschenken bij bepaalde gelegenheden. De Witsenborg deed 100 gulden huur per jaar plus een vette gans. Jan Leenderts oudere broer Leendert Jans werd in 1748 op de Witsenborg geboren. Hij was kerkvoogd en behoorde tot de hoogstaangeslagenen in het departement aan de Westereems en moest daarom een lening geven aan Napoleon.

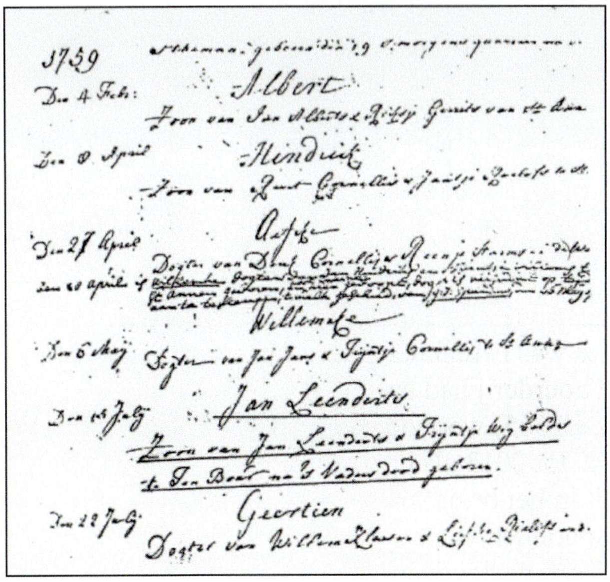
1759
Albert
Hindrik
Aafke
Willemke
Jan Leenderts
Geertien

De doopinschrijving van Jan Leenderts Groeneveld, zoon van Jan Leenderts en Trijntje Wigbolds. Hij werd geboren op 15-07-1759, een paar maanden na de dood van zijn vader Jan Leenderts op 36-jarige leeftijd.

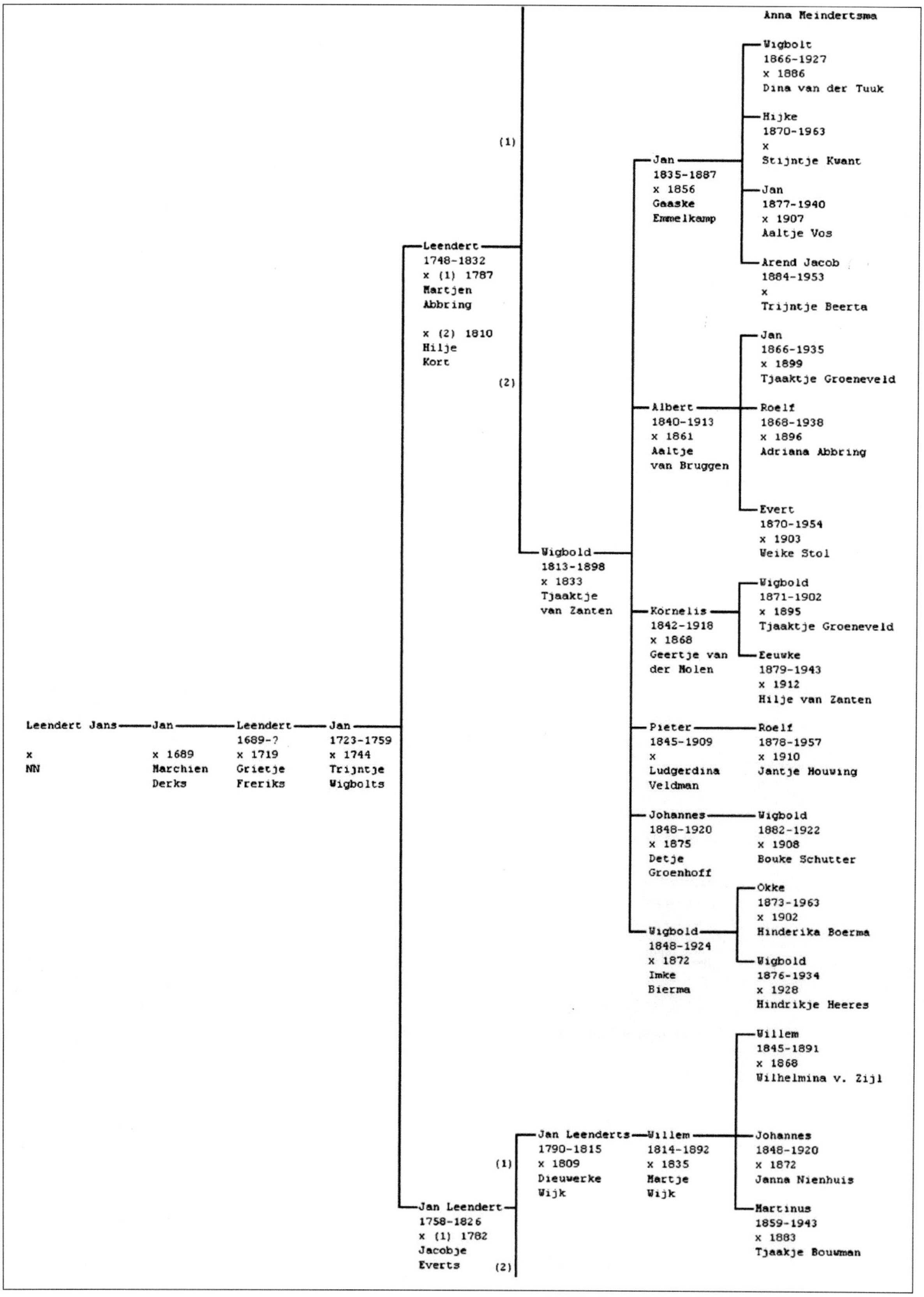

Van de in totaal 43 stammen behoren 'mijn' Groenevelds tot de zogenaamde stam Garmerwolde van stamvader Leendert Jans Groeneveld, die teruggaat tot ongeveer 1640. In dat jaar wordt hij geboren in Ten Boer; later wordt hij landbouwer. Pas in 1812 wordt de naam Groeneveld aangenomen. Rechtsonder in de stamboom mijn overgrootvader Martinus Groeneveld.

De Witsenborg in Ellerhuizen bij Bedum, waar Jan Leenderts Groeneveld woonde. Foto Historische Vereniging Bedum.

'De Liefde Blijft'

Zijn zoon, mijn bet-betovergrootvader Jan Leenders Groeneveld, werd geboren in1790 in Bedum en stierf al in 1815, op 25jarige leeftijd. Hij was getrouwd met Diewerke Willems Wijk (telg uit het bekende Groninger herenboerengeslacht Wijk, afkomstig van de boerderij De Wijk, Ellerhuizen 27) en kocht in 1811, 4 jaar voor zijn dood, een grote boerderij aan de Dorpsweg 31 in Garmerwolde, waarvan de geschiedenis teruggaat tot 1755. Mijn betovergrootvader Willem Jans Groeneveld kwam in 1814 op deze boerderij ter wereld. In 1817, 2 jaar na het overlijden van Jan Leenders, werd de boerderij weer van de hand gedaan.

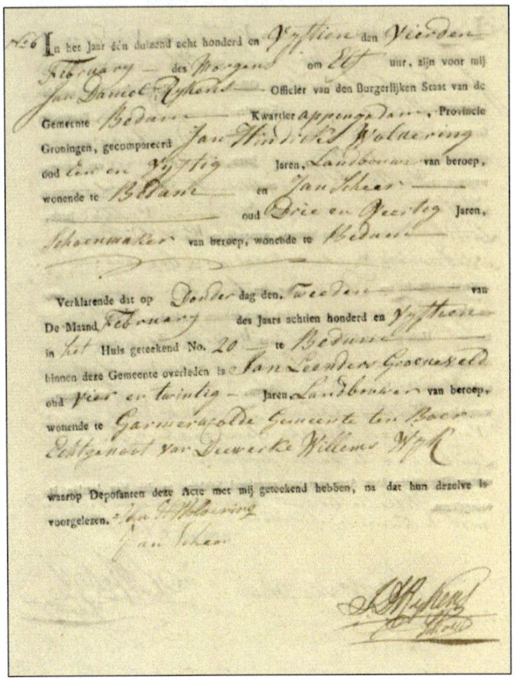

No. 6 In het Jaar één duizend acht honderd en Vijftien den Vierden Februarij des Morgens om Elf uur, zijn voor mij Jan Daniel Rijkens Officier van den Burgerlijken Staat van de Gemeente Bedum Kwartier Appingedam, Provincie Groningen, gecompareerd Jan Hindriks Woldering oud Een en Vijftig Jaren, Landbouwer van beroep, wonende te Bedum en Jan Scheer oud Drie en Veertig Jaren, Schoenmaker van beroep, wonende te Bedum

Verklarende dat op Donderdag den Tweeden van De Maand Februarij des Jaars achttien honderd en Vijftien in het Huis getekend No. 20 te Bedum binnen deze Gemeente overleden is Jan Leenders Groeneveld oud Vijf en twintig Jaren Landbouwer van beroep, wonende te Garmerwolde Gemeente ten Boer Echtgenoot van Diewerke Willems Wijk

waarop Deposanten deze Acte met mij geteekend hebben, na dat hun dezelve is voorgelezen.
Jan H Woldering
Jan Scheer
J D Rijkens

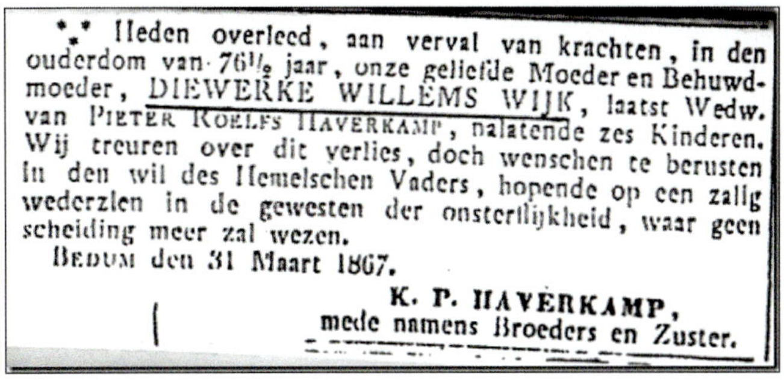

** Heden overleed, aan verval van krachten, in den ouderdom van 76½ jaar, onze geliefde Moeder en Behuwdmoeder, DIEWERKE WILLEMS WIJK, laatst Wedw. van PIETER ROELFS HAVERKAMP, nalatende zes Kinderen. Wij treuren over dit verlies, doch wenschen te berusten in den wil des Hemelschen Vaders, hopende op een zalig wederzien in de gewesten der onsterfelijkheid, waar geen scheiding meer zal wezen.
BEDUM den 31 Maart 1867.
K. P. HAVERKAMP, mede namens Broeders en Zuster.

De overlijdensakte van Jan Leenders Groeneveld, mijn bet-bet-overgrootvader. Hij stierf op 02-02-1815 'in het Huis gereekend No. 20' in Bedum, zoals de akte vermeldt. Jan Leenders was toen pas 25 jaar. De akte werd opgemaakt door Jan Daniël Rijkens, Officier van den Burgerlijken Staat van de Gemeente Bedum, kwartier Appingedam. Dat gebeurde in aanwezigheid van de 51jarige landbouwer Jan Hindriks Woldering uit Bedum en de 43jarige schoenmaker Jan Scheer, eveneens uit Bedum. Zijn vrouw, Diewerke Willems Wijk, hertrouwde 3 jaar later, op 13-08-1818, met Pieter Roelfs Haverkamp, met wie ze 6 kinderen kreeg. Zij overleed op 31-03-1867, aan 'verval van krachten' zoals het in de overlijdensadvertentie wordt genoemd. 'Wij wenschen te berusten in den wil des Hemelschen Vaders, hopende op een zalig wederzien in de gewesten der onsterfelijkheid, waar geen scheiding meer zal wezen', is de visie van de nabestaanden.

Niet alleen de begraafplaats van Garmerwolde herinnert aan de Groenevelds: in de toren bij de kerk vinden we een gedenksteen aan de muur met een grafschrift, nauwelijks nog leesbaar, dat herinnert aan die vroegtijdige dood van Jan Leenders:

Ter nagedachtenis van
JAN LEENDERS GROENEVELD
overleden den 2 februarij 1815
in de ouderdom
van ruim 25 jaren.
Al moet de band des Echts
Voor dood en graf bezwijken,
De liefde blijft en zal
Van vrouw nog kindren wijken.

De grafsteen aan de muur van de vrijstaande toren naast de kerk van Garmerwolde. Waarschijnlijk heeft de steen op het graf van Jan Leenders in het schip van de kerk gelegen en zijn alle stenen naar de toren verplaatst toen het schip in 1859 gedeeltelijk werd afgebroken.

Bijna 2 eeuwen later - het is juni 2010 - sta ik op de grond van Jan Leenders aan de Dorpsweg in Garmerwolde en loop om de kapitale boerderij heen die ooit het eigendom was van mijn bet-betovergrootvader. Niets herinnert echter meer aan de tijd dat de Groenevelds er woonden. De gevelsteen vermeldt de namen van H.G. Schutter en G.K. Wigboldus met daarbij het jaartal 1870, decennia later dus.

Het vooraanzicht van de boerderij. Rechts gastvrije eigenaar Gerrit Jan Pelleboer aan de voorkant van de boerderij.

De geschiedenis van de boerderij staat beschreven in het boek 'Boerderijen gemeente Ten Boer en Overschild 1595-2005' door Pieter W. Pastoor, die als dierenarts vanaf 1971 in de regio Ten Boer werkte en het gebied plus tal van boerderijen van nabij kent. De historie gaat terug naar 1755; toen werd gesproken over ruim 80 grazen land, deels eigendom van de kerk van Garmerwolde en deels van de familie Eppe Joosten.

De gebouwen - het voorhuis met een paar enorme schuren en stallen - maken een vervallen indruk: de grandeur van vroegere tijden is nog wel te herkennen, maar aan onderhoud is kennelijk jaren en jaren niets gedaan. Op dat ogenblik is de boerderij - met een weids uitzicht over de akkers met heel in de verte de skyline van Groningen - al een jaar of 20 in handen van de familie Pelleboer. De grond er omheen is verkocht aan andere boeren.

Hoofdstuk 2

Boer Wigbold Groeneveld zoekt vrouw

Het oudste 'Groeneveldgraf' op het kerkhof in Garmerwolde is van Wigbold Leenderts Groeneveld (1813-1898). Ver familielid Wigbold was als landbouwer een vermogend man: in 1875 had hij een inkomen van 2400 gulden per jaar; een brugwachter of een schoolmeester verdiende toen 300 gulden per jaar met vrij wonen. Hij had een boerderij aan Eemskanaal Zuidzijde 5 in Lageland. Een gedenksteen uit 1848 in de achtergevel herinnert nog aan Wigbold Groeneveld en zijn vrouw Tjaaktje van Zanten.

Zijn vrouw overleed in 1877. Een jaar of 4 later ontpopte de toen 68jarige rentenierende Wigbold zich als de grondlegger van het bijna 130 jaar later zo succesvolle televisieprogramma 'Boer zoekt vrouw'. Hij nodigde alle weduwen van Garmerwolde op de thee om uit dat hele gezelschap een nieuwe vrouw te kiezen. De gelukkige werd de 17 jaar jongere 'winkeliersche' Barteltje Groenveld. Tot 1920 werden in de familie Groeneveld trouwens alle huwelijken zonder uitzondering op zaterdag gesloten. Waarschijnlijk hadden de boeren door de week geen tijd.

De 2 zerken op het graf van Wigbold Leenderts Groeneveld en zijn eerste vrouw Tjaaktje van Zanten op de begraafplaats in Garmerwolde.

De boerderij van Wigbold Groeneveld omstreeks 1980. Nu is er al jaren een bouwbedrijf gevestigd. Een steen uit 1848 in de achtergevel herinnert nog aan Wigbold Groeneveld en Tjaaktje van Zanten.

Hoofdstuk 3

Rijke neef + welgestelde nicht vrijt licht

In het Groningen van de 19de eeuw was bloedverwantschap geen enkele belemmering voor een vruchtbaar huwelijk. In geïsoleerde woongemeenschappen was er vaak weinig keus. Bovendien: de partner was te vertrouwen en het bezit bleef in de familie. Het spreekwoord *Neef en nicht geeft vreemd gezicht*, telde dan ook niet.

Betovergrootvader Willem Jans Groeneveld, de tweede zoon van de jonggestorven Jan Leenderts Groeneveld, trouwde op 15 mei 1835 met een volle nicht: Martje Klaassens Wijk. De vader van Martje en de moeder van Willem Jans waren namelijk broer en zus. Geen probleem, want *neef en nicht vrijt licht*: het paar kreeg 12 kinderen, van wie mijn overgrootvader Martinus Groeneveld de jongste telg was. Bij zijn geboorte was Martje 44 jaar, bij geboorte van de oudste, Dieuwerke, 21. Optelsom: in 23 jaar kreeg ze 12 kinderen.

Mijn betovergrootouders Willem Jans Groeneveld en Martje Klaassens Wijk. Samen kregen neef en nicht 12 kinderen, van wie mijn overgrootvader Martinus de jongste was. De foto's werden gemaakt ter gelegenheid van hun 46jarig huwelijk op 15 mei 1881, zoals te zien is in de advertentie.

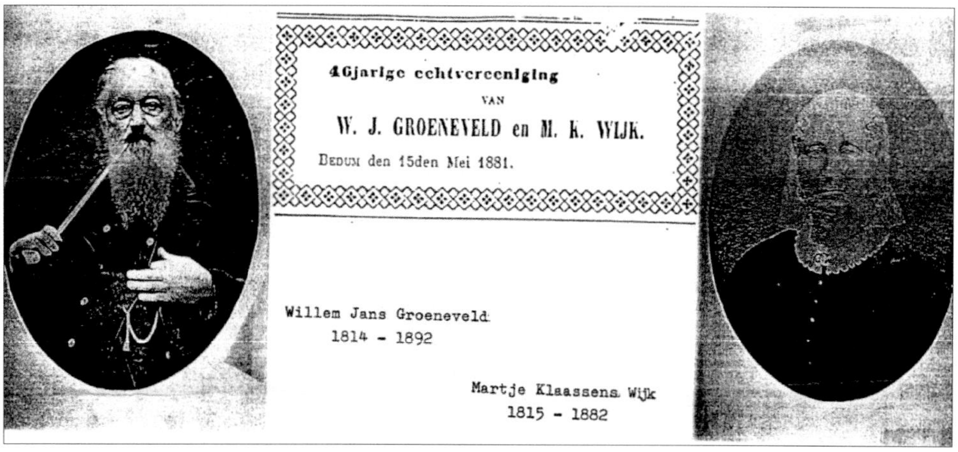

Neven- en nichten-huwelijken waren allerminst ongebruikelijk in die tijd. Vaak werd er onder de Groninger boeren in zeer beperkte kring gehuwd om zo de talrijke bezittingen te waarborgen in een zogenaamde goeie ouwe tijd, waarin niet te bestrijden besmettelijke ziekten bij mens, dier en plant, misoogsten, overstromingen, oorlogen en politieke woelingen vaak aan de orde van de dag waren.

Wel moest ontheffing worden verleend want in Nederland was het neef-nichthuwelijk tot 1970 nog verboden. Dat staat dan ook in de trouwakte: '*...ter voldoening aan dat verzoek en na voorlezing van alle de stukken hiertoe betrekkelijk en van het Zesde hoofdstuk den vijfden Titel, eerste boek van het Burgerlijk wetboek over het huwelijk is door mij...*'. Hiermee werd onder meer ontheffing verleend op het verbod.

Een goede indruk van de familieverbanden geeft een schema uit het boek Genealogie en geschiedenis van de familie Woldring door G.A. Brongers, ir. Th. P. E. de Klerck en A. Modderaar-Woldring, vijf eeuwen geschiedenis van een Drents-Groningse familie. Bovenaan het overzicht staat mijn bet-bet-bet-overgrootvader Jan Leenderts Groeneveld (1759-1826), de man die de naam Groeneveld in 1812 officieel aannam. Uit het schema blijken overduidelijk de zeer nauwe relaties tussen de welgestelde boerengeslachten Groeneveld, Woldring en Wijk. Met name de Wijken stonden bekend om hun werklust en hun zuinigheid, hetgeen boerderijen als kastelen bouwde. Ook waren er familiebanden met het in Groningen bekende en welgestelde artsengeslacht Schleurholts.

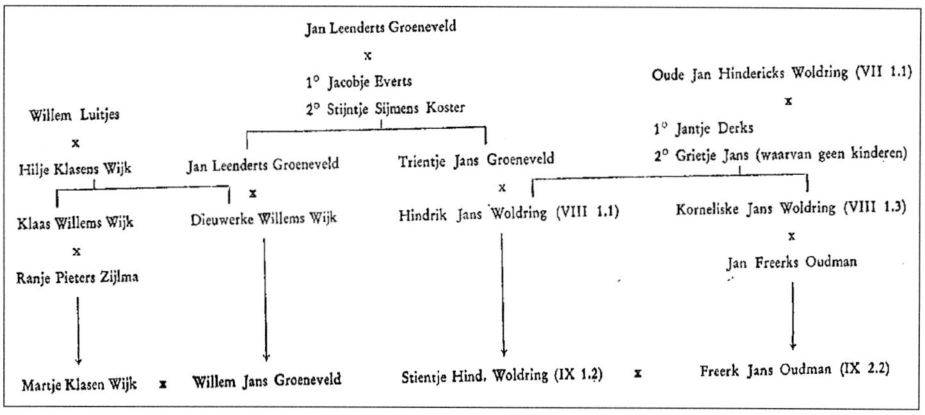

Een overzicht van de nauwe banden tussen de boerengeslachten Groeneveld, Wijk en Woldring.

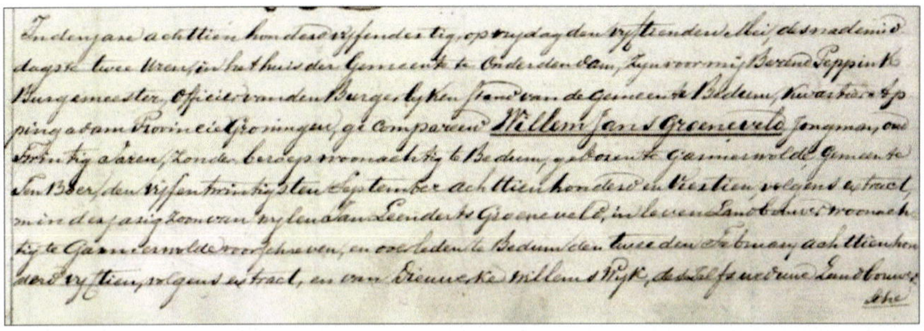

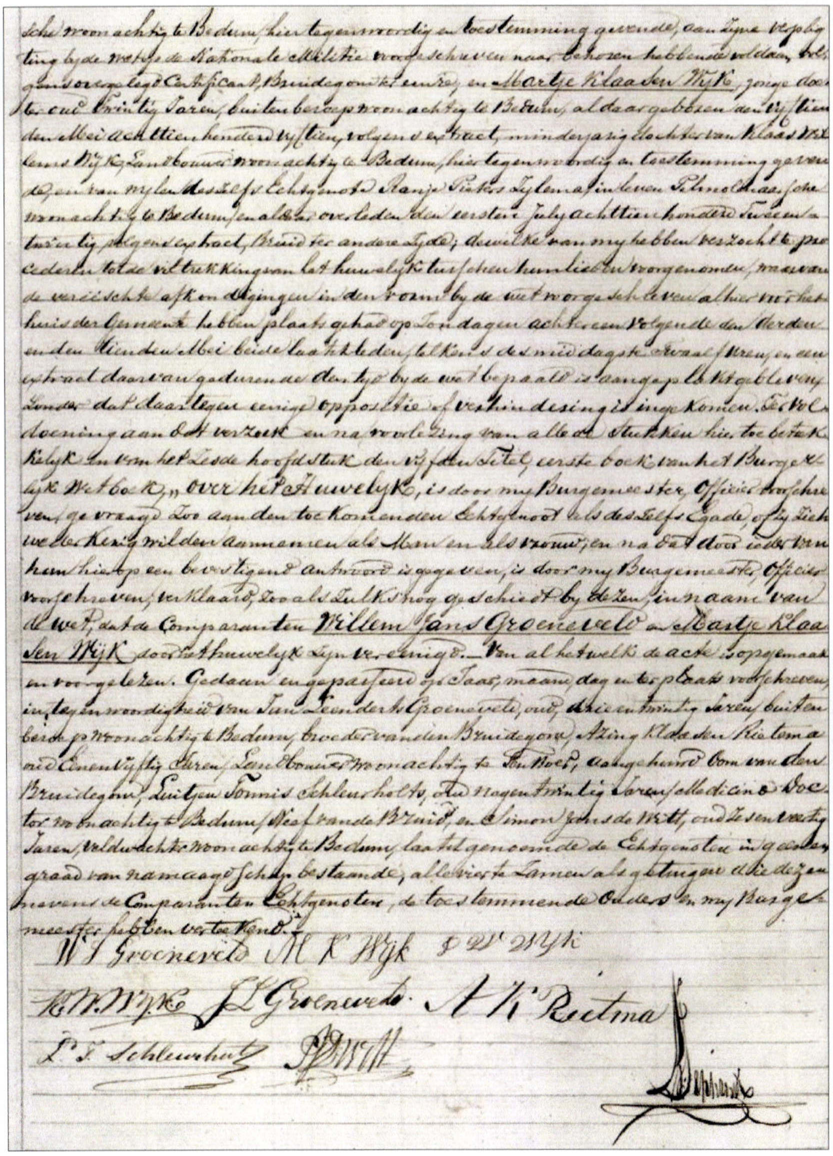

De trouwakte van mijn betovergrootouders Willem Jans Groeneveld en Martje Klaassens Wijk. Ze trouwden op 15-05-1835 in Bedum. Getuigen waren onder anderen Willems broer Jan Leenderts Groeneveld en Martjes neef dr. Luitjen Tonnis Schleurholts (zie portret), als 'chirurgijn-vroedmeester' en Statenlid in Groningen, een gerespecteerd inwoner van Bedum.
Halverwege de akte staat vermeld dat ontheffing is verleend op het huwelijksverbod tussen neef en nicht: '.... ter voldoening aan dat verzoek en na voorlezing van alle de stukken hiertoe betrekkelijk en van het Zesde hoofdstuk den vijfden Titel, eerste boek van het Burgerlijk wetboek over het huwelijk is door mij .... '. Hiermee werd onder meer ontheffing verleend op dat verbod.

‘Graanbaronnen’

Klaas Heine van Maar (1923-2016), een nazaat van Willems Jans Groenevelds buurman Derk van Maar, heeft zich jarenlang verdiept in de geschiedenis van de Van Maars en daar ook een publicatie aan gewijd: ‘K.H. van Maar, Genealogie Van Maar, Eindhoven 1994’. Hij weet dat de Groenevelds van oudsher tot de rijkere boeren in Groningen behoorden.

Volgens Klaas van Maar behoorden de Groenevelds van oudsher tot de rijkere boeren in Groningen. Ongetwijfeld hadden de Groenevelds als ‘graanbaronnen’ de Quote 500 gehaald als die er toen was geweest.

Die welvarende landbouwfamilies profiteerden in de 19de eeuw volop van de ‘graanrepubliek’ Oost-Groningen. De tarweprijzen waren hoog en er werd door de boeren veel verdiend. Dat stelde hen in staat imposante boerderijen te bouwen en veel personeel in dienst te hebben. De weelde straalde ervan af.

Ongetwijfeld hadden de Groenevelds als ‘graanbaronnen’ de Quote 500 gehaald als die er toen was geweest. Wel waren er rond 1850 in de regionale kranten lijsten van alle hoogstaangeslagenen voor de direct belastingen. Het leeuwendeel (70 procent) van hen was landbouwer, gevolgd door de jonkers/grootgrondbezitters en juristen.

De Groenevelds zouden vooral stevig hebben geïncasseerd toen hun boerderijen met voorhuizen als villa’s en veel grond eromheen moesten worden onteigend in verband met de komst van de spoorlijn Groningen-Delfzijl via Bedum en Ter Laan. Met de aanleg werd rond 1880 begonnen en in juni 1884 werd de lijn officieel in gebruik genomen. Die spoorlijn moest vervolgens door de boerderijbewoners dagelijks worden gepasseerd om op de openbare grindweg Bedum-Middelstum te komen.

Door de komst van die spoorverbinding kwam de industriële ontwikkeling van Bedum rond 1900 flink op gang. Voor die tijd speelde de economische ontwikkeling zich voornamelijk af in het agrarisch gebied. Bedum was toen een ‘houl stief dorp’, alleen maar boeren die rentenierden.

Zevenbruggetjespad

Willem Jans hoorde bij degenen die profiteerden van de grondverkoop voor de spoorlijn. Hij kocht op 2 januari 1836, ruim een half jaar na zijn huwelijk, een prachtige kop-hals-rompboerderij - opgebouwd met kloostermoppen, zoals eeuwenlang werd gedaan - met 46 hectare grond in Ter Laan, een gehucht dat grotendeels bestaat uit langs de Noordelijke Wolddijk gelegen boerderijen. Die weg vormt de verbinding tussen Bedum en Westerwijtwerd/Middelstum.

Ter Laan is geen kerkdorp en heeft daarom een kerkpad naar Bedum dat nog grotendeels intact is: het Zevenbruggetjespad. Het wordt al in de 17de eeuw genoemd. Door de nieuwbouw van Bedum is een deel van het pad verdwenen.

Dat Zevenbruggetjespad leidt langs de uit 1806 stammende boerderij - Ter Laan 27, toen nummer 131 - waar mijn overgrootvader Martinus werd geboren als jongste van 12 kinderen. Zijn moeder, Martje Klaassens Wijk, was bij de geboorte van het eerste kind (Dieuwerke) 21 jaar en bij de geboorte van Martinus 44 jaar.

Links het Zevenbruggetjespad in Ter Laan, dat de toegangsweg vormt naar de boerderij van mijn betovergrootouders Willem Jans Groeneveld en Martje Klaassens Wijk op nummer 27.

Willem Jans betaalde 19.675 gulden voor de boerderij, een bedrag dat werd opgestreken door de erfgenamen van de op de boerderij overleden Geugien Heres Bakker en Ranje Geerts Zijlema. Bij de 'Kapitale Boerenplaats' hoorde 46 hectare grond, wat zeer omvangrijk was. Een jaar of 40 later, in 1876, verkocht hij zijn bezit (toen aangegroeid tot ruim 50 hectare land) voor 134.500 gulden aan de laatste pachter David Huninga en Bouke Jans Wijk te Bedum, die toen ook de hypotheek van 50.000 gulden voor hem afloste. Kortom: een stevige waardevermeerdering.

Op 2 januari 1836 wordt ten huize van Mense Aries Groenveld, kastelein te Bedum voor Mr. A.J. van Royen, notaris te Onderdendam, een publieke veiling gehouden waar onder meer ter verkoop wordt aangeboden:
"Eene kapitale Boerenplaats, geteekend nummer Een honderd Een en Dertig, bestaande in een binnenhuis, middenhuis en Vriesche schuur, met de vaste beklemming van in genere zes en Veertig Bunders Drie en vijftig Roeden Negentig Ellen Land, doende jaarlijks in het geheel tot vaste huur op Midwinter verschijnende twee honderd Dertig Guldens, alles staande en gelegen te Ter Laan onder de Gemeente Bedum...".

De gevelstenen in de boerderij van Willem Jans Groeneveld en Martje Klaassens Wijk.

Een steen in de achtergevel van de boerderij herinnert aan het verblijf van mijn betovergrootouders: W.J. Groeneveld M.K. Wijk 1839. In dat jaar werd er een nieuwe schuur gebouwd, vandaar waarschijnlijk de gevelsteen met het jaartal 1839. Op een steen in de voorgevel staan hun initialen W.J.G. en M.K.W. met het jaartal 1853, daarboven een leeuwenkop. In dat jaar werd het woonhuis vernieuwd. Vaak werden bij die gelegenheden gevelstenen geplaatst. De nieuwbouw en verbouwing verklaren ook het grote verschil in aan- en verkoopprijs.

De boerderij waar mijn betovergrootouders 40 jaar woonden (van 1836 tot 1876) en waar mijn overgrootvader Martinus Groeneveld werd geboren. De grote borstbeelden op de boerderij (uitkijkend op Bedum) stonden er in ieder geval in de jaren '50 al op. Een museumdirecteur uit Amsterdam heeft ze onderzocht en ze komen uit een 'lusthof'.

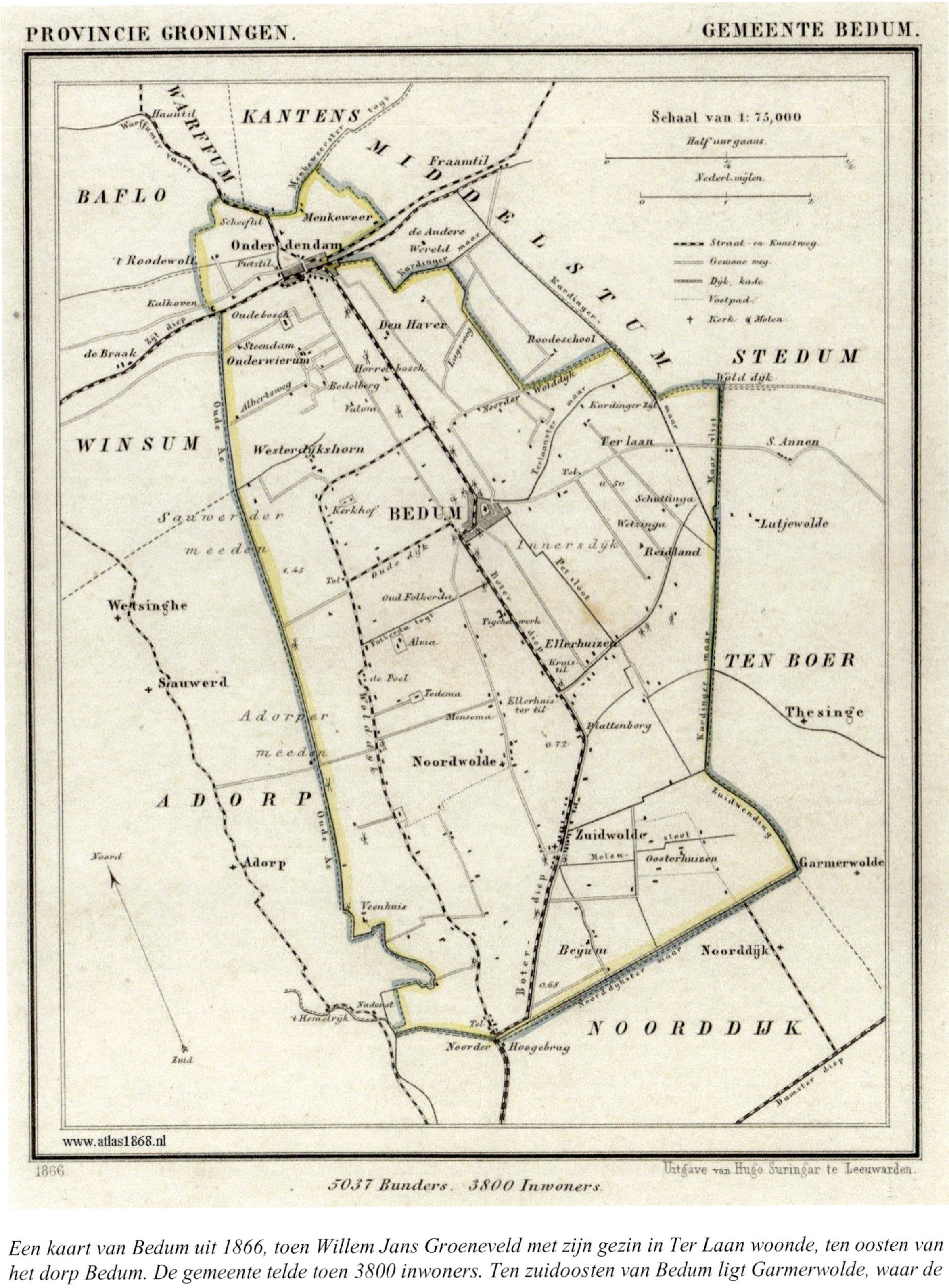

Een kaart van Bedum uit 1866, toen Willem Jans Groeneveld met zijn gezin in Ter Laan woonde, ten oosten van het dorp Bedum. De gemeente telde toen 3800 inwoners. Ten zuidoosten van Bedum ligt Garmerwolde, waar de Groenevelds oorspronkelijk vandaan komen.

Nalatenschap

Bij de verkoop van de boerderij in 1876 was Willem Jans Groeneveld bijna 62 jaar; waarschijnlijk vond hij de tijd rijp om te stoppen met boeren. Een jaar of 6 later, in juni 1882, overleed zijn vrouw Martje. Plotseling, terwijl ze op bezoek was in Bellingwolde bij haar zoon Johannes Groeneveld, van 1878 tot 1907 eigenaar van hotel Van Dijk in die plaats.

In augustus van hetzelfde jaar besloten zijn 10 meerderjarige kinderen (2 waren al overleden) de nalatenschap van hun moeder aan hun vader te schenken, zodat - zo staat in de akte - deze zich kan beschouwen als universeel erfgenaam.

Belangrijke Verkooping.

Woensdag den 16den Februarij 1876,

des namiddags te 3 uur, zal, in het GEMEENTEHUIS te *Bedum*, ten verzoeke van den heer WILLEM JANS GROENEVELD en mejufvrouw MARTJE KLASEN WIJK, echtelieden, landbouwers onder *Bedum*, publiek worden verkocht:

Eene kapitale, zeer nette, uitmuntend onderhoudene

BOERENPLAATS,

waarin o. a. 3 fraaije KAMERS, KEUKEN, KELDERS, 2 REGENWATERBAKKEN, 3 POMPEN, ENZ. ENZ.; met de daarbij staande **drie SCHUREN**, en 1°. de VASTE, ALTOOSDURENDE, ONOPZEGBARE, NOOIT VRIJSTERVENDE BEKLEMMING van het *heem*, fraai aangelegden *tuin*, groot geheel afgesloten *appelhof* en de daarbij liggende uitmuntende *landen*, te zamen groot *zes en dertig* hectare, *acht en vijftig* are, *een en veertig* centiare, doende jaarlijks in genere op Midwinter tot vaste huur *f* 200—00; 2°. de VASTE, ALTIJDDURENDE, IN ALLE LINIEN VERERVENDE BEKLEMMING van *negen* hectare, *vijf en negentig* are, *negen en veertig* centiare uitmuntend *land*, zullende jaarlijks op Midwinter tot vaste huur doen *f* 30—00; en 3°. de VASTE, ALTIJDDURENDE, IN ALLE LINIEN VERERVENDE BEKLEMMING van *drie* hectare, *twee en zeventig* are, *tachtig* centiare uitmuntend *land* en een gedeelte van den *ouden dijk*, zullende jaarlijks op Midwinter tot vaste huur doen *f* 30—00.

Zijnde voormelde LANDERIJEN, buiten en behalve het daarbij gekomen gedeelte van den DIJK, te zamen groot *vijftig* hectare, *zes en twintig* are, *zes en zestig* centiare en voor ongeveer de helft OUDE GROENLANDEN.

Alles staande en gelegen te *ter Laan*, onder de gemeente *Bedum* en hebbende **vrijen begrinden uitweg** naar den grindweg van *Bedum* naar *Middelstum*.

Te bezien de acht werkdagen vóór den verkoop.

Te betalen 1/4 den **1 Mei 1876**, de overige 3/4 den **1 Mei 1877** met bijbetaling van 1 jaar rente naar $4^1/_2$ %, zullende de koopers echter de **helft** onder REGT van 1ste HYPOTHEEK naar $4^1/_2$ % over het ***verkochte beleend kunnen houden.***

W. WIJNDELTS, *notaris te Warffum.*

Den volgenden dag werd in het gemeentehuis te Bedum, ten overstaan van denzelfden notaris, de boerenplaats van den heer *W. J. Groeneveld* en mejufvrouw, gelegen onder Bedum, in veiling gebragt. Deze plaats, die door genoemden heer *Groeneveld* indertijd was aangekocht voor *f* 19,675, is nu verkocht aan den heer *D. Huninga* te Bedum, voor *honderd vierendertig duizend vijf honderd gulden.*

BOELDAG,

op **DONDERDAG den 6den** en **VRIJDAG den 7den April 1876,** telkens des namiddags te een uur, ten verzoeke en aan de boerenplaats van den heer W. J. GROENEVELD en mejufvrouw te *Bedum*, van:

8 beste PAARDEN,

waaronder 5 mak bereden in alle tuigen, 1 driejarige bruine RUIN en 2 mooije ENTERVEULENS, **26 stuks best HOORNVEE, 30 SCHAPEN**, met en zonder LAMMEREN, 2 KAPWAGENS, waaronder 1 PORTIERWAGEN op veeren, 3 VELDWAGENS, 5 PLOEGEN, 6 EIDEN, 2 WINDMOLENS, WIPKARREN, LANDROL, KOPEREN KOOLZAADTROMMEN, KORENZEEVEN, 3 ZERKEN VARKENSBAKKEN, groote HAVERKISTEN en verder

volledig Boerenbeslag,

karn- en melkgereedschappen, waaronder KARN met koperen beslag, 4 koperen MELKEMMERS, dito MELKMOLDEN en dito KAASKETEL, 1 groote IJZEREN BALANS met 80 K.G. gewigten, eene groote partij STROO, ENZ.; voorts eenig ***HUISMOBILIA***, als: 1 beste groote SPIEGEL, TAFELS, STOELEN, ENZ.

Mede zal alsdan publiek worden verkocht de **MEST** aldaar van 36 stuks vee en de ZOMERMEST.

Den eersten dag DE LEVENDE HAVE ENZ.

J. J. PETTINGA.

De advertenties voor de verkoop van de 'kapitale boerenplaats' in Ter Laan van mijn betovergrootvader Willem Jans Groeneveld op 16 februari 1876 en voor de boeldag een paar maanden later. Koper voor een bedrag van 134.500 gulden is David Huninga, de laatste pachter. Wat je hier ziet bij de verkopen is het zogenaamde beklemrecht. Dit kwam alleen voor in de provincie Groningen. In 1876 werd dus het beklemrecht verkocht. Dit houdt in dat pachter Huninga (meier) de boerderij kocht met het recht van beklemming van het land, het recht om te huren. Verhuurder Willem Jans Groeneveld ('blote eigenaar') houdt het eigendom van de landerijen en verhuurt deze aan de meier tegen een vast bedrag per jaar. De foto van de boerderij is genomen in september 1998.

Willem Jans zou zijn vrouw 10 jaar overleven. Hij overleed in oktober 1892, na een 'korte ongesteldheid', zoals het in een advertentie wordt genoemd. In december van hetzelfde jaar werd de woning plus inboedel verkocht waar Willem Jans sinds 1884 zijn laatste jaren doorbracht: 'eene voor weinige jaren nieuw gebouwde en goed onderhoudene behuizing, gelegen aan de straat in het dorp Bedum' plus enkele stukken land. Opnieuw werd gesproken over het beklemrecht. Wat je ziet bij deze verkoop in 1892 is dat de eigendom werd verkocht aan de pachter (meijer) Huninga. Hij werd dus nu de volle eigenaar.

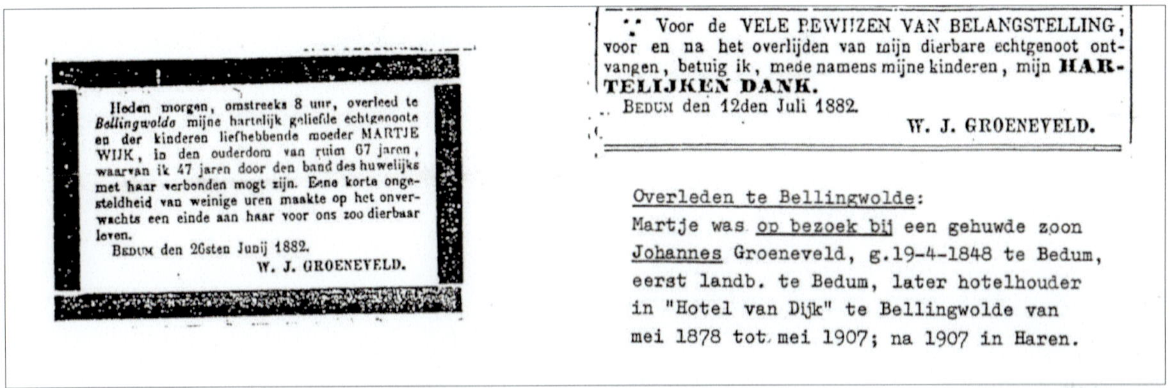

Heden morgen, omstreeks 8 uur, overleed te *Bellingwolde* mijne hartelijk geliefde echtgenoote en der kinderen liefhebbende moeder MARTJE WIJK, in den ouderdom van ruim 67 jaren, waarvan ik 47 jaren door den band des huwelijks met haar verbonden mogt zijn. Eene korte ongesteldheid van weinige uren maakte op het onverwachts een einde aan haar voor ons zoo dierbaar leven.

BEDUM den 26sten Junij 1882.

W. J. GROENEVELD.

Voor de VELE BEWIJZEN VAN BELANGSTELLING, voor en na het overlijden van mijn dierbare echtgenoot ontvangen, betuig ik, mede namens mijne kinderen, mijn **HARTELIJKEN DANK.**

BEDUM den 12den Juli 1882.

W. J. GROENEVELD.

Overleden te Bellingwolde:
Martje was op bezoek bij een gehuwde zoon Johannes Groeneveld, g.19-4-1848 te Bedum, eerst landb. te Bedum, later hotelhouder in "Hotel van Dijk" te Bellingwolde van mei 1878 tot mei 1907; na 1907 in Haren.

Het overlijden van Martje Klaassens Wijk.

De rentenierswoning aan 'de straat in Bedum' moet de tegenwoordige Grotestraat zijn, toen nog de enige straat in Bedum. Willem Jans woonde op huisnummer C79. Hier heeft hij dus gewoond van 1884 tot aan zijn dood in 1892. Het blijkt een grote, dubbele woning te zijn aan de Grotestraat 66, toen helemaal aan het eind van het dorp. Later werd het pand gesplitst in nummer 66 en 68.

Hier woonde Willem Jans Groeneveld de laatste jaren van zijn leven: van 1884 tot aan zijn dood in 1892. Eerst met zijn vrouw, later samen met zijn dochter Hilje, die hem verzorgde. Het is een grote, dubbele woning aan de Grotestraat 66, toen helemaal aan het eind van Bedum. Mijn oma, Tjaaktje Groeneveld, moet daar als kind geregeld op bezoek zijn geweest. Ze is geboren in maart 1887 en heeft haar opa nog tot oktober 1892 meegemaakt. Foto Google Maps.

Onder ede

Uit de verkoopakte van 7 december 1892 blijkt dat overgrootvader Martinus bij de sessie aanwezig was, evenals broer Klaas, zus Reinje (net 4 maanden weduwe van Eibe Hoeksema), zijn ongetrouwde zus Hilje, schoonzus Wilhelmina Groeneveld-van Zijl (weduwe van broer Willem) uit Winschoten, broer Johannes uit Belllingwolde, zwager Heine van Maar (de man van zus Jacomina), zwager Klaas Jans van Dijk (de weduwnaar van zus Ebeltje), zus Johanna en broer Pieter.

De ongetrouwde Hilje heeft haar vader de laatste jaren verzorgd; de twee woonden samen in het huis aan de Grotestraat. Hilje had dan ook de taak de inboedel in kaart te brengen en moest onder ede verklaren dat zij 'alles heeft opgegeven wat zij weet en dat zij niets heeft verduisterd, noch gezien heeft, noch weet dat daarvan iets is vervreemd of verduisterd'.

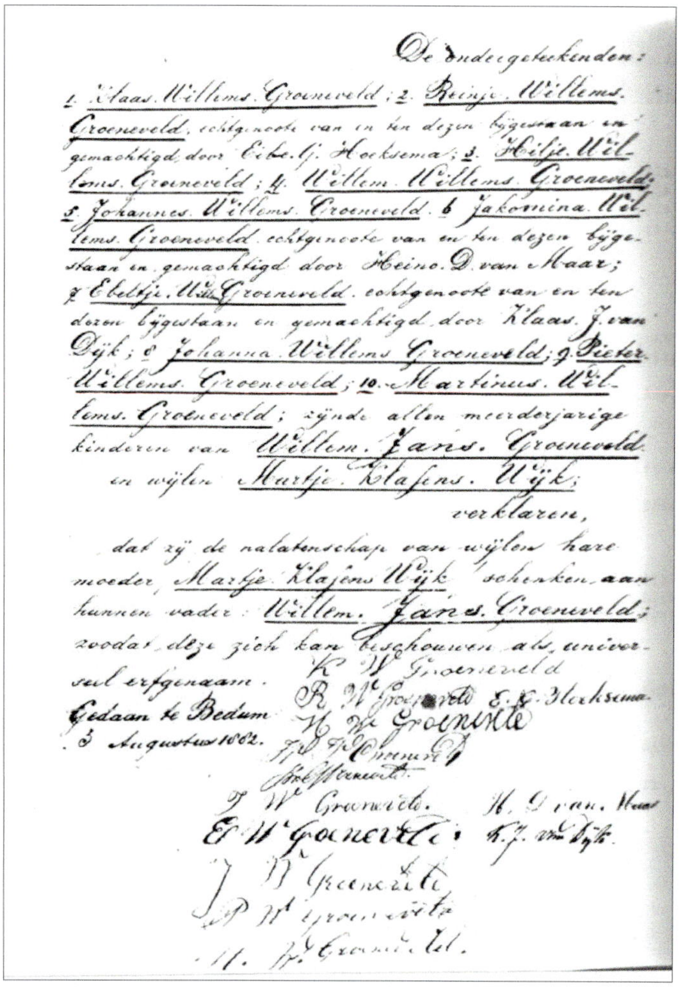

De ondergeteekenden:
1. Klaas Willems Groeneveld; 2. Reinje Willems Groeneveld, echtgenoote van en ten dezen bijgestaan en gemachtigd door Eibe G. Hoeksema; 3. Hilje Willems Groeneveld; 4. Willem Willems Groeneveld; 5. Johannes Willems Groeneveld. 6 Jakomina Willems Groeneveld echtgenoote van en ten dezen bijgestaan en gemachtigd door Heino D. van Maar; 7 Ebeltje Willems Groeneveld. echtgenoote van en ten dezen bijgestaan en gemachtigd door Klaas J. van Dijk; 8 Johanna Willems Groeneveld; 9. Pieter Willems Groeneveld; 10. Martinus Willems Groeneveld; zijnde allen meerderjarige kinderen van Willem Jans Groeneveld en wijlen Martje Klasens Wijk;
verklaren,
dat zij de nalatenschap van wijlen hare moeder Martje Klasens Wijk schenken aan hunnen vader Willem Jans Groeneveld; zoodat deze zich kan beschouwen als universeel erfgenaam.
Gedaan te Bedum 3 Augustus 1882.

K W Groeneveld
R W Groeneveld E. G. Hoeksema
H W Groeneveld
J W Groeneveld H. D. van Maar
E W Groeneveld K. J. van Dijk
J W Groeneveld
P W Groeneveld
M. W. Groeneveld

De schenkingsakte aan Willems Jans Groeneveld met de handtekeningen van zijn 10 kinderen. Twee zijn op dat moment al overleden: Dieuwerke Willems Groeneveld (1836-1868) en Jan Willems Groeneveld (1839-1859). De ondertekenaars zijn Klaas Willems Groeneveld (1837), Reinje Willems Groeneveld (1841), Hilje Willems Groeneveld (1843), Willem Willems Groeneveld (1845; landbouwer, later bakker en logementhouder), Johannes Willems Groeneveld (1848, landbouwer in Bedum, later hoteleigenaar), Jacomina Willems Groeneveld (1850), Ebeltje Willems Groeneveld (1852), Johanna Willems Groeneveld (1854), Pieter Willems Groeneveld (1857; landbouwer in Ter Laan bij Bedum, later hoteleigenaar) en tot slot onderaan de handtekening van mijn overgrootvader Martinus Willems Groeneveld.

Heden overleed, na korte ongesteldheid, onze geliefde vader en behuwdvader
WILLEM JANS GROENEVELD,
weduwnaar van MARTJE K. WIJK, in den ouderdom van ruim 78 jaren.
BEDUM 20 October 1892.
Namens broeders en zusters:
K. W. GROENEVELD.

Voor de BEWIJZEN VAN DEELNEMING, ontvangen bij het overlijden van onzen geliefden vader en behuwdvader W. J. GROENEVELD, betuigen wij onzen hartelijken dank.
BEDUM.
Namens broeders en zusters:
K. GROENEVELD.

De advertenties na het overlijden van Willem Jans Groeneveld, 'na een korte ongesteldheid'.

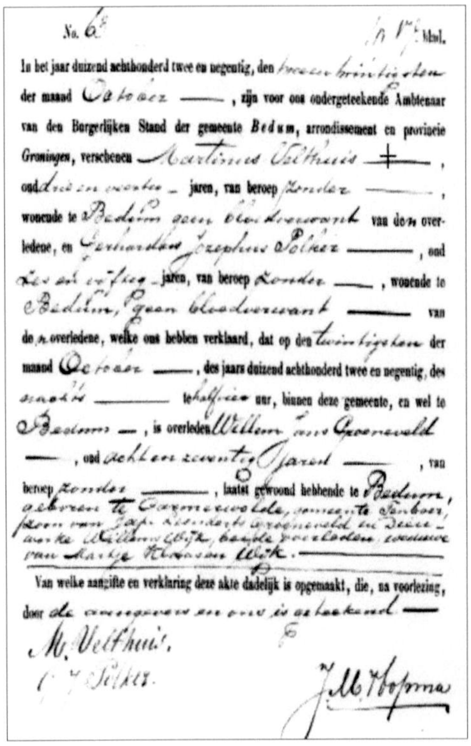
No. 68 1e Blad.
In het jaar duizend achthonderd twee en negentig, den twee en twintigsten der maand October, zijn voor ons ondergeteekende Ambtenaar van den Burgerlijken Stand der gemeente Bedum, arrondissement en provincie Groningen, verscheen Martinus Velthuis, oud drie en twintig jaren, van beroep zonder, wonende te Bedum geen bloedverwant van den overledene, en Gerhardus Jozephus Polker, oud zes en vijftig jaren, van beroep zonder, wonende te Bedum, geen bloedverwant van den overledene, welke ons hebben verklaard, dat op den twintigsten der maand October, des jaars duizend achthonderd twee en negentig, des nachts te half vier uur, binnen deze gemeente, en wel te Bedum, is overleden Willem Jans Groeneveld, oud achtenzeventig jaren, van beroep zonder, laatst gewoond hebbende te Bedum, geboren te Garmerwolde, gemeente Ten Boer, zoon van Jan Reinders Groeneveld en [illegible] Willems Wijk, beide overleden, weduwe van Martje Klaasen Wijk.
Van welke aangifte en verklaring deze akte dadelijk is opgemaakt, die, na voorlezing, door de aangevers en ons is geteekend.
M. Velthuis.
G. J. Polker.
J. M. Hofsma

De overlijdensakte van mijn bet-overgrootvader Willem Jans Groeneveld. Willem Jans overlijdt op 20-10-1892 in Bedum. Hij is dan 78 jaar. Getuigen zijn de 23jarige Martinus Velthuis uit Bedum, zonder beroep, en de 56jarige Gerhardus Jozephus Polker, eveneens uit Bedum en zonder beroep.

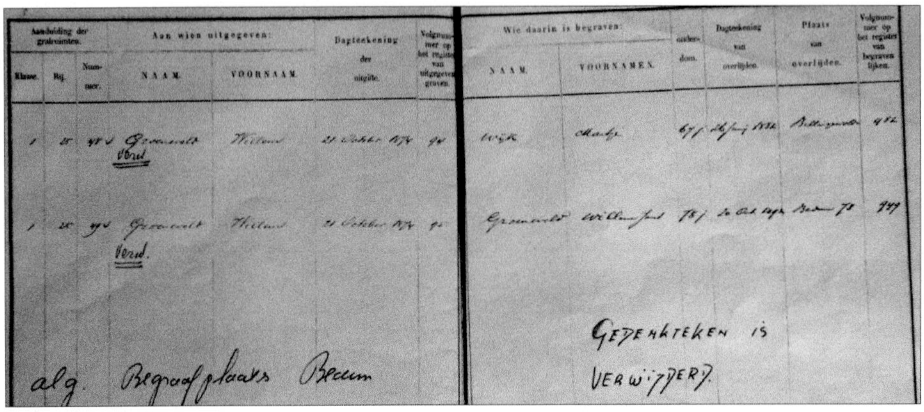

Aanduiding der grafruimten: Klasse	Rij	Nummer	Aan wien uitgegeven: NAAM	VOORNAAM	Dagteekening der uitgifte	Volgnummer op het register van uitgegeven graven	Wie daarin is begraven: NAAM	VOORNAMEN	ouderdom	Dagteekening van overlijden	Plaats van overlijden	Volgnummer op het register van begraven lijken
1	25	474	Groeneveld Vert.	Willem	21 October 1874	94	Wijk	Martje	67	[illegible] 1874	[illegible]	482
1	25	475	Groeneveld Vert.	Willem	21 October 1874	95	Groeneveld	Willem Jans	78	20 Oct 1892	Bedum	[illegible]

alg. Begraafplaats Bedum

GEDENKTEKEN IS VERWIJDERD

De verklaring waarin staat dat het grafmonument op de begraafplaats in Bedum van Willem Jans Groeneveld en zijn vrouw is verwijderd.

Hoofdstuk 4

Romeo van Maar en Julia Groeneveld

Romeo en Julia zijn van alle tijden. Bijna 3 eeuwen na Shakespeares verboden romantische liefde tussen Juliet Capulet en Romeo Montague speelde zich in Ter Laan bij Bedum een soortgelijke tragedie af. Niet tussen rivaliserende adellijke families, maar tussen de graanbaronnen Groeneveld en Van Maar die op een paar steenworpen afstand van elkaar woonden.

Naast mijn betovergrootouders in Ter Laan, op nummer 31, toen nummer 130, woonde namelijk de familie Van Maar met aan het hoofd de orthodoxe calvinist Derk van Maar en zijn vrouw Hilje Alberts Roege. Hij was de man die de omgang verbood tussen zijn zoon Heine van Maar (1847) en zijn 3 jaar jongere buurmeisje Jacomina Groeneveld, een oudere zus van mijn overgrootvader Martinus. De Groenevelds - vrijzinnig hervormd - waren in Derks streng gereformeerde ogen te licht in de leer. Derk van Maar ging elke zondagochtend speciaal naar de kerk in Zuidwolde omdat daar een 'goed-orthodoxe' dominee stond.

Heine van Maar en Jacomina Groeneveld op jonge leeftijd.

Maar noch de banvloek van Derk van Maar, noch de lap grond en de sloten die er tussen beide boerderijen lagen, konden de verliefde buurkinderen Romeo van Maar en Julia Groeneveld ervan weerhouden elkaar te blijven opzoeken. Toch moesten ze wachten tot Heine 30 jaar was voordat ze elkaar het bevrijdende jawoord konden geven: op 9 mei 1877 gebeurde dat, anderhalve maand nadat Heine 30 jaar was geworden. Toen pas was namelijk geen ouderlijke toestemming meer nodig. Derk van Maar en zijn vrouw Hilje waren trouwens wel aanwezig bij het huwelijk, maar tekenden niet. De Groenevelds wel.

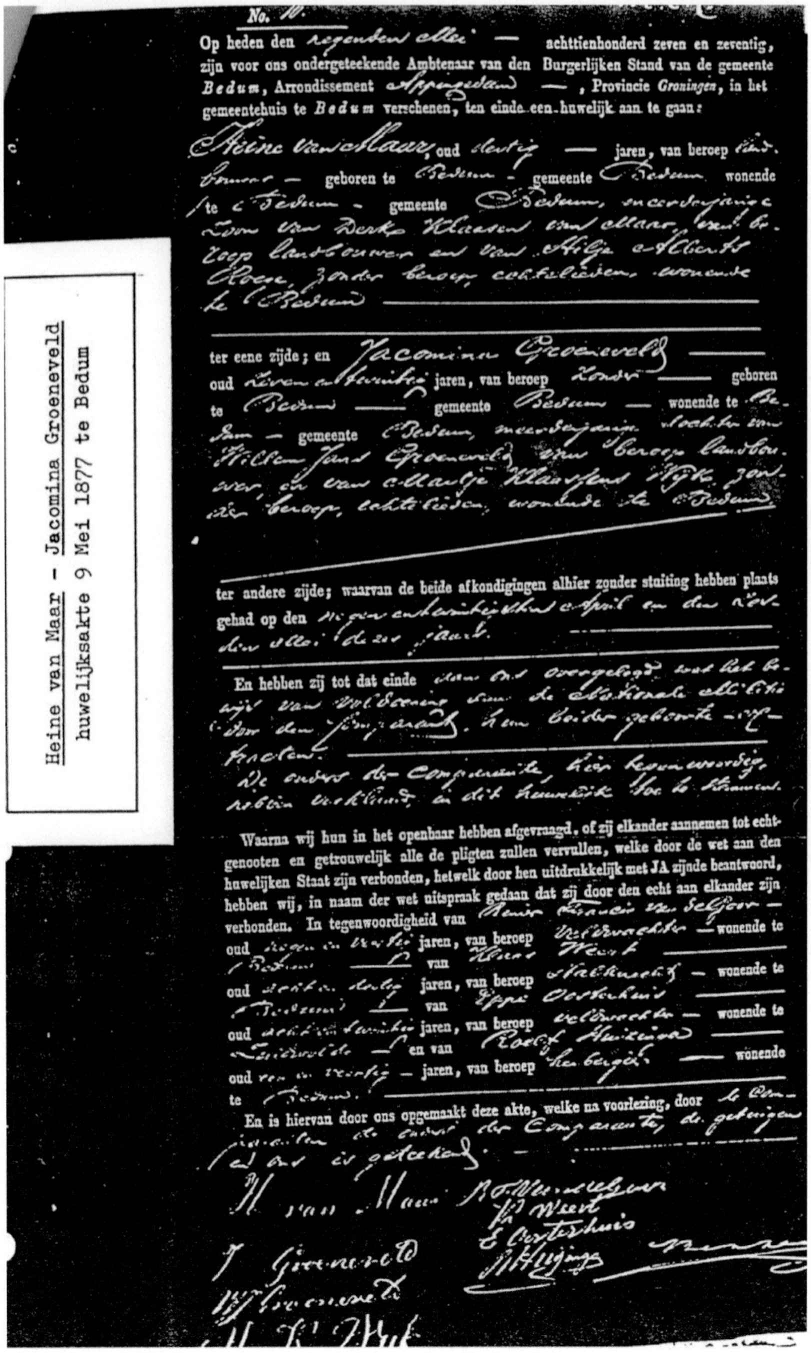

Heine van Maar - Jacomina Groeneveld
huwelijksakte 9 Mei 1877 te Bedum

No. 10.

Op heden den negenden Mei — achttienhonderd zeven en zeventig, zijn voor ons ondergeteekende Ambtenaar van den Burgerlijken Stand van de gemeente Bedum, Arrondissement Appingedam —, Provincie Groningen, in het gemeentehuis te Bedum verschenen, ten einde een huwelijk aan te gaan:

Heine van Maar, oud dertig — jaren, van beroep landbouwer — geboren te Bedum — gemeente Bedum wonende te Bedum — gemeente Bedum, meerderjarige zoon van Derk Klaasen van Maar, van beroep landbouwer en van Hilje Alberts [illegible], zonder beroep, echtelieden, wonende te Bedum

ter eene zijde; en Jacomina Groeneveld — oud zeven en twintig jaren, van beroep zonder — geboren te Bedum — gemeente Bedum — wonende te Bedum — gemeente Bedum, meerderjarige dochter van Willem Jans Groeneveld van beroep landbouwer, en van Maartje Klaassens Wijk, zonder beroep, echtelieden, wonende te Bedum

ter andere zijde; waarvan de beide afkondigingen alhier zonder stuiting hebben plaats gehad op den negen en twintigsten April en den zesden Mei dezes jaars.

En hebben zij tot dat einde aan ons overgelegd: wat het bewijs van voldoening aan de Nationale Militie betreft door den bruidegom(?), hun beider geboorte-extracten.

De ouders der comparanten, hier tegenwoordig, hebben verklaard in dit huwelijk toe te stemmen.

Waarna wij hun in het openbaar hebben afgevraagd, of zij elkander aannemen tot echtgenooten en getrouwelijk alle de pligten zullen vervullen, welke door de wet aan den huwelijken Staat zijn verbonden, hetwelk door hen uitdrukkelijk met JA zijnde beantwoord, hebben wij, in naam der wet uitspraak gedaan dat zij door den echt aan elkander zijn verbonden. In tegenwoordigheid van [illegible] — oud negen en veertig jaren, van beroep veldwachter — wonende te Bedum — van Klaas Weert — oud [illegible] dertig jaren, van beroep stalknecht — wonende te Bedum — van Eppe Oosterhuis — oud acht en twintig jaren, van beroep veldwachter — wonende te Zuidwolde — en van Roelf Huizinga — oud een en veertig — jaren, van beroep herbergier — wonende te Bedum.

En is hiervan door ons opgemaakt deze akte, welke na voorlezing, door de comparanten, de ouders der comparanten, de getuigen en ons is geteekend. —

H van Maar [illegible]
K Weert
E Oosterhuis
R Huizinga
J Groeneveld
W J Groeneveld
[illegible]

De trouwakte van Jacomina Groeneveld en Heine van Maar. Vader Derk van Maar en zijn vrouw Hilje waren wel aanwezig bij het huwelijk, maar tekenden niet. De Groenevelds wel. 'De ouders der comparanten hier tegenwoordig hebben verklaard in dit huwelijk toe te stemmen'. Getuigen waren onder anderen 2 veldwachters en een herbergier.

Dinsdag 9 Mei a.s. hopen onze geliefde ouders, behuwd- en grootouders

H. VAN MAAR

en

J. GROENEVELD

hunne **45 jarige echtvereeniging** te herdenken.

BEDUM, Mei 1922.

Hunne dankbare kinderen, behuwd- en kleinkinderen. en Verloofde.

. Voor de talrijke blijken van belangstelling, ontvangen bij de herdenking van onze 45-jarige Echtvereeniging, betuigen wij onzen **hartelijken dank.**

Bedum, Mei 1922.

H. VAN MAAR

J. VAN MAAR—GROENEVELD.

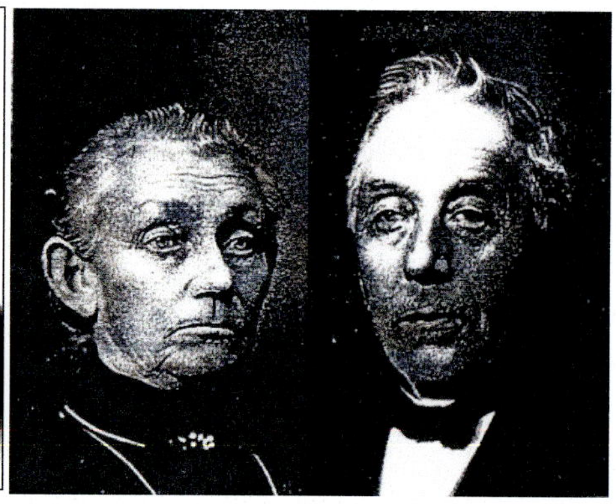

Heine van Maar en Jacomina Groeneveld. Op de foto rechts waren ze 45 jaar getrouwd.

Deze oorkonde kreeg Heine van Maar op 12-jarige leeftijd bij de 'Feestelijke inwijding' van de openbare school in Bedum op 30 september 1859. Hoe deze illustratie bewaard is gebleven is een verhaal op zich. Eind jaren 60 werd Heine Klaas van Maar (een kleinzoon van Heine van Maar) in Appingedam gebeld door een vuilnisman uit Bedum. Die had de oorkonde gevonden bij het groot vuil en vroeg of Van Maar er belang bij had. Ja dus. Daarna hing de afbeelding jaren in de gang totdat achterkleinzoon Hein Willem van Maar in 1976 trouwde en de plaat meenam naar zijn woning in Bedum.

Uit de kerk

Heine van Maar heeft na zijn huwelijk nooit meer een stap in de kerk gezet, vertelt zijn kleinzoon en 'Van Maar-expert' Klaas Heine van Maar uit Eindhoven. Ook heeft hij geen enkele zoon naar zijn vader Derk vernoemd, volstrekt tegen de gebruiken van die tijd. Het resultaat was bovendien dat de kinderen van Heine en Jacomina niet godsdienstig werden opgevoed en de kinderen van al zijn broers en zussen wel. Die bleven gereformeerd. Na het huwelijk woonde het paar op de tot boerderij verbouwde pastorie De Toornploatse in Westerdijkshorn, waar hun eerste 3 kinderen werden geboren.

Daarna volgde Het Hooge Heem in Ellerhuizen, waar de andere 8 kinderen ter wereld kwamen. In 1893 verhuisde het gezin naar boerderij De Breekenhoeve in Westerwijtwerd. Daar bleven ze tot 1919, toen een 'rentenierswoning' werd gekocht in Bedum.

Links Het Hooge Heem of 't Hoogheem, Ellerhuizen 3 bij Bedum anno 2010. Zowel Johanna Groeneveld als haar oudere zus Jacomina Groeneveld hebben hier jaren gewoond. Jacomina samen met Heine van Maar tot 1893, Johanna met Heero Feringa van 1893 tot 1898. Op de foto rechts de 'rentenierswoning' aan het Boterdiep 12 (oostzijde) in Bedum waar Heine van Maar en Jacomina Groeneveld hun laatste jaren doorbrachten.' Dit is ons huis', schrijft Jacomina op de achterkant van deze fotokaart uit 1923. De kaart is gericht aan de fam. R.J. Elema in Loppersum (haar dochter Trijntje van Maar die getrouwd was met landbouwer Reinder Jan Elema). Als je sterk op het huis inzoomt zie je voor het erkerraam twee personen staan. Waarschijnlijk Heine en Jacomina.

De Breekenhoeve in 2017, gefotografeerd door Hein Willem van Maar die zijn caravan wilde stallen op de Breekenhoeve zonder aanvankelijk te weten dat zijn overgrootouders jarenlang op de boerderij hadden gewoond. Het voorhuis werd volgens Hein in de 60er jaren compleet vervangen: 'In de schuren viel op dat de balken van het gebint meerdere malen zijn gebruikt. Op de meest onlogische plaatsen zitten gaten van vroegere verbindingen. Waarschijnlijk zijn eeuwenlang dezelfde balken gebruikt bij herbouw of verbouw'.

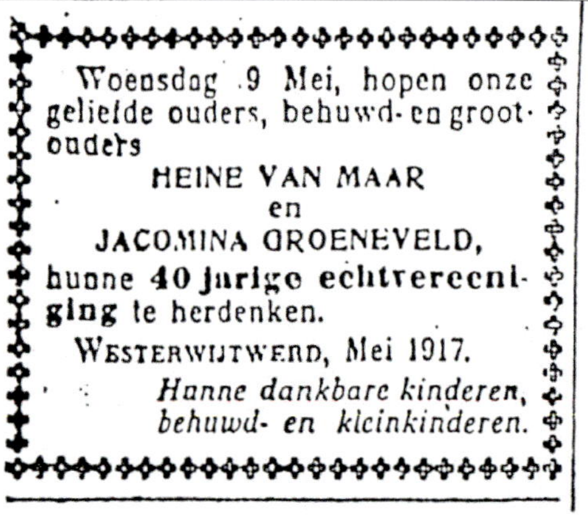

Woensdag 9 Mei, hopen onze geliefde ouders, behuwd- en grootouders

HEINE VAN MAAR

en

JACOMINA GROENEVELD,

hunne 40 jarige echtvereeniging te herdenken.

WESTERWIJTWERD, Mei 1917.

Hunne dankbare kinderen, behuwd- en kleinkinderen.

Deze familiefoto is waarschijnlijk in mei 1917 gemaakt op de boerderij De Breekenhoeve aan de Keesriefweg 1 in Westerwijtwerd, toen Heine van Maar (zittend rechts) 70 jaar werd en hij 40 jaar getrouwd was met Jacomina Groeneveld (zittend links). Op de achtergrond van links naar rechts de nog thuiswonende kinderen Willem (1892), Frouwke (1884; zij was blind en woonde later in een blindeninstituut in Wolfheze. Die blindheid is begonnen toen ze als 12jarig meisje na het overlijden van grootvader Derk van Maar als hulpje turf ging halen bij haar grootmoeder Hilje van Maar), Dieuwertje (1882) en Heine (1887; de grootvader van Klaas van Maar, de 'Van Maar-expert'). Links naast Jacomina Groeneveld staat haar kleindochter Jacomina (1905; zij ging na het overlijden van haar vader Garmt Haver en haar moeder Martje van Maar als achtjarig meisje bij haar grootouders wonen). Het gezin had veel last van oogkwalen: Frouwke werd na een ontsteking op haar 30ste blind aan één oog en een jaar later ook aan het andere oog, Hilje werd aan staar geopereerd, Mien had ook staar maar kon niet worden geopereerd en vader Heine van Maar had als gevolg van een kankergezwel een lege oogkas (er waren nog geen kunstogen). Behalve oogkwalen kwam ook veelvuldig reuma voor: de 3 jongsten, Trijntje, Heine en Willem, overleden aan chronische gewrichtsreuma.

Rechts de gevelsteen in de boerderij De Breekenhoeve: H.D.v.M. (Heine Derks van Maar) en J.W.G. (Jacomina Willems Groeneveld), 1893, het jaar van de aankoop.

Ansichtkaarten die leden van de familie Van Maar aan mijn oma en opa in Rheine stuurden. De kaart uit Middelstum is gericht aan oma Tjaaktje Groeneveld en afkomstig van J. van Maar, waarschijnlijk haar tante Jacomina van Maar-Groeneveld. De kaart met het opschrift Groeten uit Westerwijtwerd (waar de Van Maars van 1893 tot 1919 op boerderij De Breekenhoeve woonden) is verzonden door H. van Maar. Dat kan dus Heine van Maar sr. zijn, maar ook een van de kinderen Hilje of Heine jr.

Links het echtpaar op latere leeftijd. Op deze foto is goed de lege oogkas van Heine van Maar te zien. Rechts het graf van Jacomina Groeneveld en Heine van Maar op de begraafplaats in Bedum. Jacomina werd 82 jaar, Heine 94.

Gr. Garm. van B

. Bevallen van een ZOON J. W GROENEVELD, echtgenoot van H. VAN MAAR.

WESTERDIJKSHORN, bij *Bedum*, 29 Maart 1878.

Kennisgeving aan vrienden en bekenden.

. Heden beviel van een ZOON en eene DOCHTER J. GROENEVELD, echtgenoot van H. VAN MAAR.

WESTERDIJKSHORN 9 Mei 1879.

BEDUM, 10 Oct. Als eene bijzonderheid in de dierenwereld deelt men ons mee, dat een lam van den heer H. van Maar, landbouwer te Westerwijtwerd reeds melk geeft. Het dier is nog maar pas vijf maanden oud.

Heden overleed zacht en kalm onze lieve Vader, Behuwd-, Groot- en Overgrootvader

HEINE VAN MAAR,

in de ouderdom van 94 jaar. Sedert 19 April 1932 wedn. van JACOMINA GROENEVELD.

Bedum, 18 Juli 1941.

Uit aller naam:

H. VAN MAAR Jr.

Zij, die den overledene de laatste eer wensen te bewijzen, worden verzocht om Dinsdag 22 Juli, 3 uur, ten sterfhuize te komen.

Heden overleed zacht en kalm onze innig geliefde Vrouw, Moeder, Behuwd- en Grootmoeder

JACOMINA GROENEVELD

in den ouderdom van 82 jaar na een gelukkige echtvereeniging van bijna 55 jaar.

Bedum, 19 April 1932.

Mede namens de Familie:

H. VAN MAAR.

. Voor de vele blijken van deelneming, ontvangen bij het overlijden van onze lieve Vrouw, Moeder, Behuwd- en Grootmoeder

JACONINA GROENEVELD,

betuigen wij onzen hartelijken dank.

Bedum, 4 Mei 1932.

Mede namens de familie:

H. VAN MAAR.

Uit de hand te koop

Eene Boerenbehuizing,

en schuur met de v.a.i.a.l.v. beklemming van 22.41.45 Hectare uitmuntend bouw- en groenland – grootendeels bouwland – doende jaarl. op Midw. tot vaste huur f 140, staande en gelegen aan vasten weg en vaarwater, pl.m. 10 minuten van af Spoorweg-Halte te Westerwijtwerd gemeente Middelstum.

Te bezien des Maandags en Vrijdags.

Te bevragen bij den eigenaar en bewoner den Heer H. VAN MAAR en inlichtingen te bekomen ten kantore van O. J. M. AMSING te Bedum.

Woensdag 9 Mei, hopen onze geliefde ouders, behuwd- en grootouders

HEINE VAN MAAR

en

JACOMINA GROENEVELD,

hunne **40 jarige echtvereeniging** te herdenken.

WESTERWIJTWERD, Mei 1917.

Hunne dankbare kinderen, behuwd- en kleinkinderen.

Heden overleed, na een smartelijk lijden van tien weken, onze geliefde Dochter, Behuwddochter, Moeder, Zuster en Behuwdzuster

MARTJE,

in den ouderdom van ruim 34 jaar, sedert 1908 wed. van GARMT HAVER.

WESTERWIJTWERD, 27 Dec. 1913.

Namens de familie:

H. VAN MAAR.
J. VAN MAAR-GROENEVELD.
Wed. W. HAVER-LANTING.
J. HAVER.

. Voor de vele bewijzen van deelneming, ondervonden tijdens de ziekte en bij het overlijden van onze geliefde Dochter, Moeder, Zuster en Behuwdzuster, MARTJE, betuigen wij onzen **hartelijken dank.**

WESTERWIJTWERD, Jan. 1914.

H. VAN MAAR
J. VAN MAAR-GROENEVELD.
en Familie.

Vrijdag den 9 Mei a.s. hopen onze geliefde ouders

HEINE VAN MAAR

en

JACOMINA GROENEVELD

hunne **25-jarige echtvereeniging** te herdenken.

WESTERWIJTWERD, Mei 1902.

Hun dankbare kinderen, behuwd- en kleinzoon.

Dinsdag 9 Mei a.s. hopen onze geliefde ouders, behuwd- en grootouders

H. VAN MAAR

en

J. GROENEVELD

hunne **45 jarige echtvereeniging** te herdenken.

BEDUM, Mei 1922.

Hunne dankbare kinderen, behuwd- en kleinkinderen, en Verloofde.

. Voor de talrijke blijken belangstelling, ontvangen bij herdenking van onze 45-jar Echtvereeniging, betuigen onzen **hartelijken dank.**

Bedum, Mei 1922.

H. VAN MAAR
J. VAN MAAR—GROENEVE

Advertenties van de familie Van Maar-Groeneveld plus een krantenbericht dat een lam van Heine van Maar al met 5 maanden melk geeft. Bron: Het Geslacht Groeneveld van Garmerwolde door J.O. Beukema.

Hoofdstuk 5

'Oorlogsgebied' Ter Laan

Toen ik in juni 2010 de boerderij van mijn betovergrootouders Willem Jans Groeneveld en Martje Klaassens Wijk in Ter Laan bezocht, lag deze - al bijna 2 eeuwen lang - als een grote oase tussen de weilanden en akkers met uitzicht op de kerktoren van Bedum. Eigenaren waren Harry en Anja Reisiger, bezitters van een eetcafé in Bedum. Ze kochten de boerderij in 1993, verbouwden de koeien- en de paardenstal en verkochten de 13 hectare grond die er toen nog bij hoorde aan boeren in de omgeving. In 2011 werd de boerderij verkocht aan Albert Ubels en zijn vrouw Annemarie Heite.

De laatste fase van de sloop; alleen de voorgevel van de 'betovergrootouderlijke' boerderij staat nog overeind. Twee jaar lang legden 24 camera's vast hoe de boerderij geleidelijk door haar hoeven zakte. Elke aardschok werd geregistreerd voor de documentaire De Stille Beving van Piet Hein van der Hoek, die begin 2017 werd vertoond https://www.youtube.com/watch?v=_OAC5zJxEHA.

Hoe lang de boerderij nog een oase zou blijven, was helemaal de vraag. De omliggende grond was stukje bij beetje in handen gekomen van de gemeente en van projectontwikkelaars want de gemeente Bedum had plannen voor de bouw van een woonwijk in Ter Laan. Voor 2020 zou er nog niets gebeuren, maar daarna is de kans aanwezig dat de boerderij omringd zal zijn door nieuwbouwwoningen, werd mij verzekerd.

Tegen de vlakte

Maar dan blijkt de NAM sluipenderwijs voor een veel grotere (ondergrondse) bedreiging te hebben gezorgd. Sinds 1992 is de provincie Groningen namelijk getroffen door meer dan 1000 aardbevingen als gevolg van de gaswinning en de 'betovergrootouderlijke' boerderij uit 1830 ligt midden in het epicentrum. Het kapitale pand zit vol met scheuren en barsten en is overal gestut om instorten te voorkomen. 'Elke dag bewegen de muren door die kleigrond onder ons huis', vertelde Annemarie Heite in februari 2015 aan het Dagblad van het Noorden: 'Het huis waar we zo hard aan hebben geklust de afgelopen jaren, gaat vermoedelijk helemaal tegen de vlakte'.

Annemarie Heite eind 2015 in gesprek met RTV Noord.

Het woord vermoedelijk kan inmiddels worden vervangen door zeker, want de bewoners kwamen eind 2015 na 2,5 jaar strijd tot een akkoord met de NAM. Met 'pijn in het hart' stemden ze in met sloop om plaats te maken voor nieuwbouw. Aardbevingsbestendige nieuwbouw dat wel, vandaar dat is gekozen voor houtskeletbouw. Het nieuwe huis krijgt ook een kop, een hals en een romp, maar de ziel zal eruit zijn. Ook al krijgen de oude gevelstenen van Willem Jans Groeneveld en Martje Klaassens Wijk een plaatsje in de nieuwe woning, net als de grote Boeddhabeelden die op de boerderij stonden en uitkeken op de kerktorens van Bedum.

Uit onderzoek bleek dat de boerderij niet meer te verstevigen was. Annemarie Heite - inmiddels uitgegroeid tot boegbeeld van het Gronings verzet tegen de aardbevingen - vertelde aan RTV Noord dat ze eigenlijk geen keus hadden: 'Hoe jammer dat ook is voor deze karakteristieke boerderij. Met pijn in ons hart hebben we moeten besluiten tot afbraak en nieuwbouw. Toch voelen we ons ondanks alle ellende zeer bevoorrecht dat wij er enige tijd hebben mogen wonen'.

Er is nog gekeken in hoeverre de boerderij kan worden nagebouwd, maar ook dat bleek niet haalbaar. Dat op dezelfde plek opnieuw wordt gebouwd, sluit in elk geval aan op de traditie, want de plaats is al zeker sinds de Middeleeuwen bewoond, zoals bleek toen een archeoloog onderzoek deed na de sloop.

Het nieuwe onderkomen op de plek waar mijn overgrootvader werd geboren: van houtskeletbouw, dus aarbevingsbestendig. Alles splinternieuw, maar met de oude gevelstenen opnieuw ingemetseld.

'Kapot gemaakt'

'Het is hier allemaal kapot gemaakt', zeiden ook buurman Tiemen Meulema en zijn vrouw Alie Bergs. Ze waren op Ter Laan 31 de directe buren van Annemarie Heite en ik sprak de twee in 2010, toen de boerderij al een verwaarloosde indruk maakte. 'Het lijkt hier wel oorlogsgebied. Zelfs de beesten zijn er kapot van. Die zijn helemaal van slag', vertelde oud-varkensfokker Meulema terneergeslagen in 2016 aan RTV Noord. 'Dit gebied trilt al wel 40 jaar. Die strijd kunnen we niet winnen'. 'Ter Laan is Ter Laan niet meer', vulde zijn vrouw aan.

De boerderij van de Van Maars werd sinds 1989 bewoond door Tiemen Meulema en Alie Bergs. Meulema heeft een aantal jaren varkens gefokt, maar is daarmee gestopt. De schuren en stallen gebruikte hij voor opslag. Anno 2010 maakte de boerderij al een verwaarloosde indruk.

Dat Ter Laan Ter Laan niet meer is blijkt uit het feit dat het erfgoed van mijn betovergrootouders - compleet met uil en steenmarter - al de vierde boerderij op rij was die als gevolg van de aardbevingen van de Groningse aardbodem is verdwenen. Dat niet alleen cultureel erfgoed wordt gesloopt, maar ook de bewoners ervan wordt duidelijk uit het verhaal van de Meulema's.

Voorjaar 2014 moesten ze op last van de brandweer hals over kop hun boerderij uit die in de tijd van mijn betovergrootouders werd bewoond door de familie Van Maar. Het Dagblad van het Noorden schreef: ‘De door bevingen verzwakte 200 jaar oude schuur stortte in 2 dagen tijd volledig in. Daarbij kwam asbest vrij. Onverlaten roofden vervolgens hun spullen uit het huis, tot en met hondenmand en beddengoed. Het echtpaar zat in een tijdelijke woning en hield met moeite het hoofd boven water. De lasten van de onbewoonbaar verklaarde boerderij gingen echter gewoon door’.

Uiteindelijk werd besloten dat ze een nieuw, kleiner huis zouden krijgen op hun eigen terrein. Buitenmensen als ze waren wilden ze terug naar ‘die prachtige plek’ op Ter Laan. Maar zover is het niet gekomen. De bouwtekeningen waren net opgestuurd en de contracten zouden worden getekend toen Tiemen Meulema in september 2016 op 62jarige leeftijd overleed. Meulema had 2 jaar eerder al aangegeven dat zijn gezondheid eronder leed: ‘Ik ben zwaar hartpatiënt, 3 keer gereanimeerd. Er moet snel een oplossing komen. Dit trekken we niet lang meer.’ Reactie van buurvrouw Annemarie Heite: 'Deze mensen hebben lange tijd onder erbarmelijke omstandigheden geleefd. De mensen zijn murw gebeukt'.

De afbeelding van de gestutte boerderij van Willem Jans Groeneveld werd later gebruikt ter ondersteuning van de petitie Laat Groningen niet zakken. https://laatgroningennietzakken.petities.nl/

Dit gedenkbord staat bij het ‘bevingsbosje’ in Ter Laan, de plaats waar het eerste woonhuis in het aardbevingsgebied werd gesloopt. Daarna volgden 3 boerderijen, waaronder die van mijn betovergrootouders en die van hun buren. 'Plaatselijk Belang Bedum vond dit perceel bij uitstek geschikt om iedereen te herinneren aan de desastreuze gevolgen van de gaswinning in de provincie Groningen', staat op het gedenkbord, dat geplaatst is op een houtwerk met scheurvormen.

Hoofdstuk 6

Het Groeneveldgeld klotste tegen de hooizolder op

Uit de voorgeschiedenis van de Groenevelds bleek al dat er aan geld geen gebrek was in de familie. De graanbaronnen van Groningen zaten er warmpjes bij. Dat werd opnieuw duidelijk na het overlijden van mijn betovergrootvader Willem Jans Groeneveld in oktober 1892. Het geld klotste zodanig tegen de hooizolder op dat zijn kinderen in elk geval niet naar de kringloopwinkel of de voedselbank hoefden.

De nalatenschap van Willem Jans Groeneveld bestond onder meer uit de inventaris van zijn laatste woning aan de Grotestraat 66 in Bedum: meubels, serviesgoed, keukengerei, huisraad, tuingereedschap, oude munten, veel zilverwerk, boeken, schilderijen. Maar ook merkwaardiger zaken als een brandkast, een marmeren doopvont en een pistool. Plus 23 kippen, die op 24 gulden werden getaxeerd.

OPROEPING.

Zij die iets te vorderen hebben van — of verschuldigd zijn aan de nalatenschap van wijlen den heer *WILLEM JANS GROENEVELD*, gewoond hebbende te *Bedum* en aldaar overleden den 20sten October 1892, worden verzocht daarvan *opgave* of *betaling* te doen vóór 1 Februari a.s., ten huize van den heer K. J. VAN DIJK, verver te *Bedum*, of ten kantore van S. VAN MEERTEN, notaris te *Onderdendam*.

BOELDAG,

op **DONDERDAG 8 December 1892**, 's middags 1 ure, ten sterfhuize van den heer W. J. GROENEVELD te *Bedum*, van:

Meubelen en Inboedel,

bestaande hoofdzakelijk in WIT MARMEREN DOOPVONT, ZERKEN TUINBEELD (Leeuw), 2 ZERKEN TUINVAZEN, pl. m. 2 M. hoog, ZERKEN TAFEL, PAPEGAAIKOOI, SPEELKLOK; voorts: 2 SECRETAIRE'S, waarvan 1 MAHONIEHOUT, KABINET, LEDIKANT met MATRAS TAFEL, STOELEN, SPIEGELS, KACHELS, VLOERKLEEDEN, GLASGORDIJNEN, BEDDEN en BEDDEGOED, KAR met KOPEREN HOEPELS, KOPEREN EMMERS, AKERS en KETELS, TINNEN WATERKRUIK en verder KOPER-, TIN GLAS-, IJZER- en AARDEWERK, TUINBANKEN, TUI GEREEDSCHAP, eene *partij Aardappelen en Kippen, enz. enz.*

Posten beneden *f* 2 contant.

Te bezichtigen MAANDAG en DINSDAG 5 en 6 Decemb tusschen 1 en 3 uren tegen betaling van ***f* 0,10** per persoo

S. VAN MEERTEN, *notaris te Onderdendam.*

Vrijdag 30 December 1892,

des avonds ten 6 ure, zullen, in het logement van den heer HUIZINGA te *Bedum*, krachtens rechterlijk bevel, ten verzoeke van de erfgenamen van wijlen den heer J. W. GROENEVELD, publiek worden verkocht:

I. Eene voor weinige jaren nieuw gebouwde en goed onderhoudene **BEHUIZING**, bevattende 3 KAMERS, KEUKEN, KELDER, REGENBAK en VELE GERIJFELIJKHEDEN, zoomede TUIN en HOF met VRUCHTBOOMEN en HEESTERS, groot 9 aren, 5 centiaren, vrij en eigen, staande en gelegen aan de straat in het dorp *Bedum*.

II*a*. De HELFT in den EIGENDOM van ongeveer 30.58.41 hect., ongescheiden in ongeveer 45.38.88 hect. *behuisd land*, gelegen te *Bedum*, bij D. HUNINGA en vrouw onder beklemming in gebruik, voor eene 's jaars op Midwinter verschijnende vaste huur, deze helft van *f* 100.

b. De EIGENDOM van ongeveer 9.93.49 hect. ongescheiden in ongeveer 45.38.88 hect. *behuisd land*, gelegen als voren, bij D. HUNINGA en vrouw onder beklemming in gebruik, voor eene 's jaars op Midwinter verschijnende vaste huur van *f* 30.

c. De EIGENDOM van ongeveer 4.08.57 hect. *land*, gelegen als voren, bij D. HUNINGA en vrouw onder beklemming in gebruik, voor eene 's jaars op Midwinter verschijnende vaste huur van *f* 30.

Te zamen *f* 160 huur.

III. De EIGENDOM van ongeveer 8.75.40 hect. *land*, gelegen te *Bedum*, bij T. WIERSEMA en vrouw onder beklemming in gebruik, voor eene 's jaars op Midwinter verschijnende vaste huur van *f* 28.50.

IV. De EIGENDOM van ongeveer 3 hect. *land*, gelegen te *Zuidwolde*, bij J. W. WOLTERS onder beklemming in gebruik voor eene 's jaars op Midwinter verschijnende vaste huur van *f* 16.

Alles dadelijk te aanvaarden.

S. VAN MEERTEN, *notaris te Onderdendam.*

De advertenties voor de verkoop van het huis 'gelegen aan de straat in het dorp Bedum' (Grotestraat 66) en voor de boeldag na het overlijden van Willem Jans Groeneveld. In de advertentie staat abusievelijk J.W. Groeneveld in plaats van W. J. Groeneveld.

Topstuk was een gouden oorijzer van 120 gram dat 141 gulden waard was. In totaal leverde de hele inboedel ruim 2800 gulden op. Daar kwamen nog Russische obligaties bij, een vordering van 50.000 gulden op pachter David Huninga en contant geld met een waarde van ruim 3100 gulden. Plus de opbrengst van 'eene goed onderhouden behuizing' met tuin en hof van 9 are en lappen grond bij Bedum en Zuidwolde. Kortom: een vermogen. Ruim voldoende om alle kinderen een stevige erfenis te geven.

Toeziend voogd

Bij de verdeling van de boedel had zoon Johannes, hotelhouder in Bellingwolde, een bijzondere functie: hij was toeziend voogd van een aantal minderjarige kleinkinderen en bovendien bewindvoerder van Willem Groeneveld, de oudste zoon van zijn overleden broer Willem die hotelhouder was in Winschoten.

Die zoon Willem kon niet aanwezig zijn; hij was op dat moment eerste luitenant bij de cavalerie bij het Nederlandsch-Indisch Leger in Salati. Later werd hij kolonel bij het KNIL en directeur van het Remonte Depot Padelarang van de cavalerie in Soerabaja op West-Java, waar uit Australië aangevoerde paarden werden afgericht en gefokt.

Willem en Marie Groeneveld met hun kinderen Mies, Corrie, Bruno, Bea en Willem. Het leven van vader Willem eindigt in een Jappenkamp, evenals dat van dochter Bea. Bea's man Pieter Hoolboom werd eind 1945 als gepensioneerd KNIL-officier door extremisten vermoord. Zoon Willem overleefde het Jappenkamp. Zoon Bruno Ulbo Groeneveld kwam in 1926 op 26jarige leeftijd als beroepsofficier om het leven bij een vliegtuigongeluk op Java.

Willem trouwde met de op Semarang geboren Marie Louise Antoinette Jacobs. Het paar kreeg 7 kinderen. Willem werd op latere leeftijd blind en stierf in 1944 in het Japanse interneringskamp Tjihapit in Bandung. In hetzelfde kamp zat ook Corry Vonk, de echtgenote van cabaretier Wim Kan. Op het moment dat de oorlog uitbrak waren Wim Kan en Corry Vonk namelijk net op tournee in Indië. Vandaar dat Corry Vonk in Tjihapit terecht was gekomen. Wim Kan was toen al als krijgsgevangene afgevoerd.

Ook het leven van Willems dochter Bea eindigde in een Jappenkamp. Bea's man Pieter Hoolboom werd eind 1945 als gepensioneerd KNIL-officier op Bandung door extremisten vermoord. Zoon Willem overleefde het Jappenkamp. Zoon Bruno Ulbo Groeneveld kwam in 1926 op 26jarige leeftijd als beroepsofficier om het leven bij een vliegtuigongeluk op Java. In Bandung werd een weg naar hem vernoemd.

Landbouwers

Voor de zonen van Willem Jans Groeneveld was er doorgaans een boerderij, maar ook de horeca bleek erg geliefd bij de kinderen. 3 zonen waren in staat ieder een hotel/logement te kopen. De dochters trouwden meestal met landbouwers. Alleen Ebeltje (1852) viel in zoverre buiten het patroon dat ze trouwde met huisschilder en steenhouwer Klaas Jans van Dijk.

Ebeltje Groeneveld en haar man Klaas Jans van Dijk, die een schildersbedrijf en steenhouwerij had in Bedum.

De oudste van de kinderen was Dieuwerke (1836); zij trouwde in Bedum met landbouwer Fokke Jans Oosterhoff en werd slechts 32 jaar. Klaas Groeneveld (1837) was de oudste zoon en werd na zijn huwelijk met Geertruida Smedinga landbouwer in Bedum. Daarna volgde de jong overleden Jan (1839-1859). Rainje of Ranje (1841) huwde landbouwer Eibe Hoeksema, van Hilje (1843-1914) is alleen bekend dat ze ongetrouwd bleef en voor haar vader zorgde. Jacomina (1850) trouwde buurjongen en landbouwer Heine van Maar. Aan hun 'Romeo- en Julia-relatie' is een apart hoofdstuk gewijd.

Links oudste zoon Klaas Groeneveld. Rechts het graf van Klaas Groeneveld en zijn vrouw Geertruida Smedinga. Let op de verschillende schrijfwijze: links Smedinga en rechts Smedenga. Foutje?

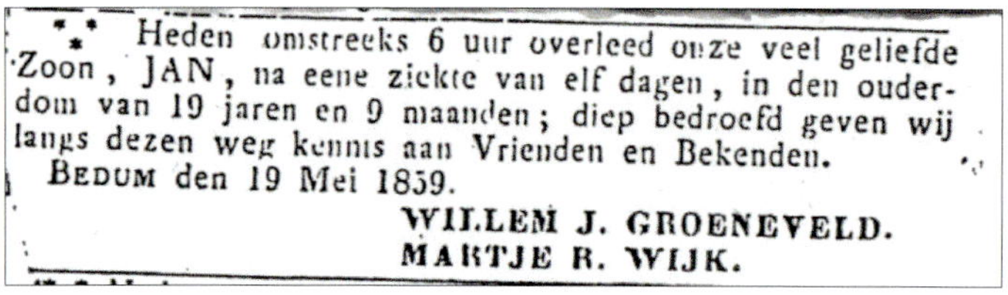

Heden omstreeks 6 uur overleed onze veel geliefde Zoon, JAN, na eene ziekte van elf dagen, in den ouderdom van 19 jaren en 9 maanden; diep bedroefd geven wij langs dezen weg kennis aan Vrienden en Bekenden.
BEDUM den 19 Mei 1859.
WILLEM J. GROENEVELD.
MARTJE R. WIJK.

De overlijdensadvertentie van de jong gestorven Jan Groeneveld. 'Na eene ziekte van elf dagen'.

Rainje Groeneveld en Eibe Hoeksema en hun graf op de begraafplaats van Bedum. Raine en Eibe hadden geen kinderen. De hele erfenis ging naar de huishoudster met uitzondering van een groot borduurwerk dat Rainje in 1873 maakte; dit ging naar Willemina Sietsema-van Maar, een dochter van Jacomina Groeneveld en Heine van Maar. Het borduurwerk hangt nu bij nazaten van Willemina in Utrecht, evenals het door Jacomina Groeneveld gemaakte 'De Emmaüsgangers'.

Liefde en leed

Het liefdesleven van Johanna Groeneveld (1854) is een verhaal apart. Zij trouwde met landbouwer Albert Heeres Roege (1849), maar die overleed al in maart 1887 op 37jarige leeftijd. 10 maanden na de bruiloft en 2 maanden na de geboorte van hun dochter Wilhelmina (Mien) Roege. De hulp werd ingeroepen van 17jarig neefje Hero Feringa. Hij kwam na het overlijden van zijn oom op de boerderij Mensuma/Mensema in Noordwolde werken om zijn tante te helpen.

Johanna Groeneveld als jong meisje en op latere leeftijd. Rechts Albert Roege.

De boerderij Mensema in Noordwolde bij Bedum, waar Johanna Groeneveld en Albert Roege woonden. De boerderij staat aan de Wolddijk, op het terrein van de voormalige borg Mensema. Het oude borgterrein is nog intact met grachten en singels.

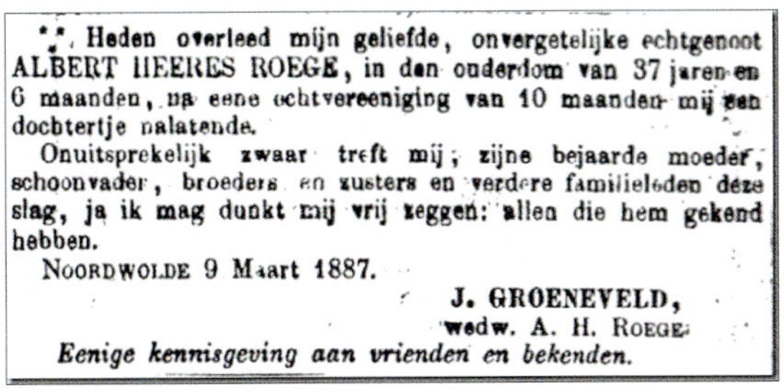

⁂ Heden overleed mijn geliefde, onvergetelijke echtgenoot ALBERT HEERES ROEGE, in den ouderdom van 37 jaren en 6 maanden, na eene echtvereeniging van 10 maanden mij een dochtertje nalatende.

Onuitsprekelijk zwaar treft mij, zijne bejaarde moeder, schoonvader, broeders en zusters en verdere familieleden deze slag, ja ik mag dunkt mij vrij zeggen: allen die hem gekend hebben.

NOORDWOLDE 9 Maart 1887.

J. GROENEVELD,
wedw. A. H. ROEGE.

Eenige kennisgeving aan vrienden en bekenden.

De overlijdensadvertentie van Albert Roege. De 'onvergetelijke echtgenoot' van Johanna Groeneveld sterft 10 maanden nadat het huwelijk is gesloten en 2 maanden na de geboorte van dochter Wilhelmina. 'Onuitsprekelijk zwaar treft mij, zijne bejaarde moeder, schoonvader, broeders en zusters en verdere familieleden deze slag'.

Dat helpen moet vervolgens in de breedste zin worden gezien: naast de werkrelatie ontstond namelijk ook een liefdesrelatie. De familieband en het leeftijdsverschil van 16 jaar waren blijkbaar geen belemmering. Toen ze 6 jaar later trouwden was Hero 23 en Johanna 39 jaar. Samen kregen ze een dochter: Martje, die ongehuwd bleef en overleed toen ze 37 jaar was.

De halfzusjes Martje Feringa (links) en Mien Roege.

Een portret van Wilhelmina (Mien) Roege en de kaart die ze op 2 november 1905 (ze was toen 18 jaar) vanuit Ellerhuizen schreef aan haar nicht (mijn oma) Tjaakje Groeneveld, die toen in Rheine woonde.

Na hun huwelijk in 1893 verkasten Johanna en Hero naar boerderij Het Hooge Heem in Ellerhuizen vlakbij Bedum. Dezelfde boerderij werd daarvoor jarenlang bewoond door Heine van Maar en Johanna's zus Jacomina Groeneveld, van 1880 tot 1893. In 1905 bouwde Hero Feringa op dezelfde plaats een nieuwe boerderij, die hij in 1924 verkocht. Ze gingen toen zelf aan de Stationsweg in Bedum wonen.

Het Hooge Heem of 't Hoogheem, Ellerhuizen 3 bij Bedum anno 2010. Zowel Johanna Groeneveld als haar oudere zus Jacomina Groeneveld hebben hier jaren gewoond. Jacomina samen met Heine van Maar van 1880 tot 1893, Johanna met Hero Feringa van 1893 tot 1898.

Heden overleed, zacht en kalm, onze innig geliefde Vrouw, Moeder, Behuwd- en Grootmoeder

JOHANNA GROENEVELD,

in den ouderdom van ruim 72 jaar, vroeger Wed. van ALDERT ROEGE.

Bedum, 8 Febr. 1927.

Bedum:
H. FERENGA.
Zeerijp:
W. BOSMAN—ROEGE,
S. P. BOSMAN,
Bedum:
M. FERENGA
en Kleinkinderen.

Het graf van Johanna Groeneveld en dat van Hero Feringa. Rechts de overlijdensadvertentie van Johanna in het Nieuwsblad van het Noorden van.10 februari 1927.

Horeca

De 3 broers Willem (1845), Johannes (1848), Pieter (1857) waren eerst landbouwer, maar gingen daarna allemaal de horeca in. Willem Groeneveld kocht in 1883 logement/hotel Vrijheid aan de Blijhamsterstraat in Winschoten van M. Balk. Dat gebeurde onder de voorwaarde dat de naam 'Hotel Balk' van de gevel moest worden gehaald. Willem Groeneveld, een vurig socialist, gaf het de naam Vrijheid (gelijkheid en broederschap).

Na zijn overlijden in 1891 zette zijn vrouw Wilhelmina van Zijl de zaak voort. Het hotel bleef 3 generaties lang in bezit van de familie Groeneveld tot het in 1975 werd verkocht. Anno 2010 is het een restaurant annex partycentrum.

Behalve Willem werden nog 2 andere broers hoteleigenaar: Johannes Groeneveld was van 1878 tot 1907 bezitter van hotel Van Dijk in Bellingwolde (na 1907 in Haren) en Pieter Groeneveld werd herbergier van hotel 't Gemeentehuis in Middelstum.

Links Hotel Vrijheid aan de Blijhamsterstraat in Winschoten in 1903, eigendom van Willem Groeneveld die het in 1883 kocht. De zaak bleef 3 generaties in bezit van de familie Groeneveld tot het in 1975 werd verkocht. Rechts hotel Vrijheid met paardenkoets in 1925. Boven de ingang staat W.W. Groeneveld. Anno 2010 is het een partycentrum annex afhaalchinees.

Wilhelmina Groeneveld-van Zijl, de vrouw van Willem Groeneveld die hotel Vrijheid na de dood van haar man voortzette.

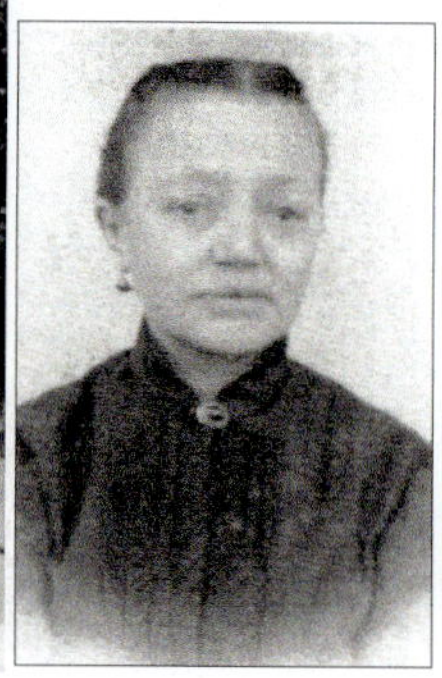

Deze ansichtkaart van het Gemeentehuis in Middelstum (eigendom van hoteleigenaar Pieter Groeneveld, zoals op de kaart is afgedrukt) werd door mijn overgrootmoeder Tjaakje Groeneveld-Bouman (de vrouw van Martinus Groeneveld) begin 1900 vanuit Rheine verstuurd aan mijn opa Jan Wolters in Terwolde. Achterop staat dat ze mijn oma en haar kind Anna zondag verwachten en of ze dan 2 of 3 flesjes Haarlemmerolie willen meenemen 'als gij het daar krijgen kunt'. Rechts Pieter Groeneveld en zijn vrouw Marchje Timmer.

Tot onze diepe droefheid overleed heden, zacht en kalm, in het Academisch Ziekenhuis te Groningen, onze lieve Vader, Behuwd- en Grootvader,

PIETER GROENEVELD,

in den ouderdom van 81 jaar, sedert Mei 1927 Wedn. van MARCHJE TIMMER.

Toornwerd, 2 Maart 1939.

Warffum:
M. GROENWOLD—GROENEVELD.
H. GROENWOLD.

Amsterdam:
W. T. GROENEVELD.
C. E. GROENEVELD—OVERWEG.

Toornwerd:
M. GROENEVELD.

Bedum:
T. W. GROENEVELD
S. GROENEVELD—ELEMA.

Toornwerd:
H. HOLTKAMP—GROENEVELD.
A. R. HOLTKAMP.

Tevens onzen **hartelijken dank** aan den WelEd. Zeergel. Heer Dr. B. KLOMPSMA voor de zorgvuldige behandeling, tijdens de ziekte van den overledene aan hem bewezen.

De overlijdensadvertentie van Pieter Groeneveld.

Hotel-café W. van Dijk (voorheen hotel Gemeentehuis) in Bellingwolde, eigendom van Johannes Groeneveld. Rechts een ansichtkaart met 'Bondshotel A.N.W.B.' W. van Dijk in Bellingwolde, Neef Willem van Dijk, een zoon van Johannes zuster Elbeltje en schilder/steenhouwer Klaas van Dijk, was de opvolger van Johannes Groeneveld. Uit diverse geboorte- en huwelijksaktes blijkt dat Johannes Groeneveld en Willem van Dijk vaak werden opgetrommeld om als getuige op te treden bij geboorten en huwelijken.

Hotelhouder Johannes Groeneveld en zijn vrouw Jantje Nienhuis. Rechts opvolger Willem van Dijk.

Resteert mijn overgrootvader Martinus Groeneveld. Wat bleef er voor hem over als jongste van de 12 kinderen? Dat is een lang verhaal dat minder goed afliep dan dat van zijn broers en zussen. Het begin van het einde van de Groeneveldse glorie.

Hoofdstuk 7

Het in alcohol verdampte bezit van overgrootvader Martinus Groeneveld

'Als de Groenevelds vroeger die kapitale boerderij in Groningen niet hadden verzopen, waren wij nu rijk geweest'. Die uitspraak van mijn moeder, gedaan toen ik een jaar of 10 was, is nooit uit mijn hoofd verdwenen. Niet alleen omdat mij duidelijk werd gemaakt dat wij niet rijk waren, maar vooral omdat buitensporig gebruik van alcohol blijkbaar zo fataal kan aflopen dat ook rijkdom daar niet tegen is opgewassen.

Maar met die losse, deels komisch bedoelde opmerking van mijn moeder hield het eigenlijk wel op. Meer werd er niet over verteld en ik vroeg blijkbaar niet door. Meer dan 50 jaar later dook ik in de geschiedenis van de Groenevelds en kwam die opmerking direct bovendrijven.

De vraag is dus: wie is het geweest die zijn boerderij in drank omzette? Tijdens de speurtocht naar de 'vroege' Groenevelds en naar mijn betovergrootvader Willem Jans Groeneveld was niets gebleken van slordige leden van de natte gemeente. Willem Jans Groeneveld stierf als vermogend man en 3 oudere broers van mijn overgrootvader Martinus Groeneveld bleven aan de 'goeie kant' van de tap: ze waren (succesvol) hotel- en logementshouder.

Het moet dus wel mijn overgrootvader Martinus Groeneveld zelf zijn geweest. De bevestiging van die veronderstelling hoor ik eind 2013 uit de mond van mijn achterneef Dick Jansen, kleinzoon van Martha Groeneveld, de oudste zus van mijn oma Tjaakje. Hij kent het verhaal: Martha's dochter Lien, zijn tante, had het hem vroeger verteld.

Mijn overgrootouders Martinus Groeneveld en Jantje Bouwman als ze voor in de 20 zijn. Het was de eerste foto die ik van hen zag en ik was verrast door hun jeugd. Je stelt je overgrootouders toch wat ouder voor.

Woltersum

Wat was mijn overgrootvader voor een man en hoe kon het zo ver komen? Die vraag leidde tot een lange speurtocht, die onder meer voerde naar het Groningse Woltersum en het Duitse Rheine.

Woltersum? Als je zelf Wolters heet, als een deel van je familie afkomstig is uit Woltersum (even ten noordoosten van de stad Groningen), als de begraafplaats daar de Woltershof heet en het jaarlijkse popfestival Woltpop, zou je toch veronderstellen dat de Wolters-tak daar vandaan komt. Nee dus. De Woltersen hebben niets met Woltersum te maken. De Groenevelds wel. Mijn overgrootouders Martinus Groeneveld en Tjaakje Bouwman hebben er gewoond en liggen er begraven.

Een van de oudste beelden van Woltersum: een tekening uit 1842. De kerktoren is gebouwd rond 1837. Op het weiland met de koeien staan nu bejaardenwoningen. Op de voorgrond het Lustige Maar met brug en het Wijde Gat, vroeger een ligplaats voor vrachtschepen.

De naam Woltersum of Waltersum is afgeleid van heem (woonplaats) van Wolter of Walter. We mogen dus aannemen dat de eerste bewoner waarschijnlijk een Wolter is geweest. Tot het eind van de 18de eeuw was het een gebied dat eigenlijk alleen bereikbaar was met bootjes. Door de lage ligging en de geregelde overlast van dijkdoorbraken lag het een deel van het jaar onder water.

Zo beschreef de predikant van Woltersum in 1717 de 'Verschrikkelijke Kerstvloed' waarbij het water tot de zolder van de huizen klom. 'Door Gods byzondere lankmoedigheid zyn er geene menschen verdronken, maar vele beesten, die men – aan schepen gebonden – uit de huizen sleepte. Het kerkhof zelf was gelyk een slachthuis met doode koeijen en schapen. De kerk geleek naar een koe- en paardenstal, ja ook naar een ziekenhuis met kinderen, ellendig liggend aan de kinderpokken. Daar was mest en vuiligheid, gehouwen vleesch en afgetrokken vellen. Daar wierd ook het vleesch van de verzopene beesten gekookt; uit dit alles ontstond een zeer nare reuk en vuile benauwende damp'. Ook vertelt hij dat een oude man, 'buiten de doodskist om drijvende, in een zeil werd gewonden en zoo met een schip naar het graf gebragt'.

Het 'volkslied' van Woltersum, 'ons dörpke klain, doar woont groag iederain'.

Wagenmaker

Toen mijn overgrootvader Martinus Groeneveld rond 1888 (hij was toen 28) naar Woltersum verhuisde, kende het dorp nog beroepen als boderijder, beurtschipper, kuiper, melkrijder, touwslager en petroleumventer. Martinus zelf was landbouwer - dagloner - volgens het bevolkingsregister, maar later wordt ook wagenmaker vermeld. Ook werkten er een fietsenmaker, kleermaker, smid, schoenmaker en was er een postkantoor. Omstreeks 1921 kreeg het dorp elektrische straatverlichting en in 1943, het jaar dat mijn overgrootvader overleed, werd er waterleiding aangelegd.

Al die beroepen en ook het postkantoor zijn verdwenen. Net als een groot aantal verenigingen waarvan we nu geen idee hebben wat ooit de doelstelling is geweest, zoals de Erwtenvereniging, de Eiervereniging en de Spekclub. Net zo verdwenen als de huisvrouwen met kinderen die vroeger de straten moeten hebben bevolkt; tegenwoordig werken ze allemaal buiten het dorp en zijn de kids naar school of naar de opvang. En met de vrouwen, kinderen en handwerkslieden is ook het rumoer uit het ruim 300 inwoners en 142 huizen tellende Woltersum verdwenen. Anno 2020 kun je in het winkelloze dorp bijna een speld horen vallen. https://www.oogtv.nl/uitzending-gemist/tv/de-dertien-dorpen-woltersum/

K. de Boerweg 11

Dat ik in Woltersum moest beginnen met mijn speurtocht was duidelijk. Ik was er halverwege de jaren 70 een keer geweest, samen met mijn vader die toen het huis van zijn opa nog eens wilde zien. Aan dat huis en adres had ik zelf verder geen herinneringen meer, maar er was een foto gemaakt: mijn vader staand voor het huis van zijn opa Martinus. Maar waar stond het?

Links mijn vader Martinus Jannes Wolters in de zomer van 1974 voor het huis van zijn grootouders aan de K. de Boerweg 11 in Woltersum. Begin van dat jaar was zijn tante Hermina Groeneveld overleden, die ook nog in het huis heeft gewoond. Rechts dezelfde locatie bijna 40 later in mei 2012 met ik zelf in de hoofdrol. (Klaas de Boer was van 1897 tot 1924, dus in de tijd dat mijn oma Tjaakje daar opgroeide, hoofd van de openbare lagere school en koster van de hervormde kerk).

Gelukkig was er iemand die helderheid verschaft. Het was Wouter Huese uit Ten Boer, de beheerder van de website www.vrouger.nl over de historie van de gemeente Ten Boer waar Woltersum onder valt. Hij spot aan de hand van mijn foto uit 1974 via google streetview een huis aan de K. de Boerweg dat het vrijwel zeker moet zijn.
Wouter Huese kwam met een bijna wetenschappelijke verklaring: ‘Gezien de schaduw van de persoon - deze is kleiner dan de man zelf - is het zomer en waarschijnlijk midden overdag. De schaduw van de man wijst dan richting noord, noordoost of oost en deze is parallel aan de voorgevel. De voorgevel van het huis is dan oost zuidoost tot zuid. Dan de leeftijd van het huis: deze is van rond 1900. Kenmerkend zijn de 2 muurijzers tussen de lage bovenraampjes (dat is zeldzaam, in dergelijke huizen lopen de vloerbalken meestal van links naar rechts, niet van achteren naar voren, dus zitten eventuele muurankers op de zijgevels en zelden op een voorgevel). Met name het meest rechtse muuranker, dat voor de helft onder de plank/goot verdwijnt, is typisch en komt op zowel uw foto als dit huis voor. Ook zitten de kleine bovenraampjes meestal niet recht boven de onderramen en ook het feit dat in de verbreding links de deur zit (veel vaker zit de deur in een zijgevel) is veelzeggend. Al met al ben ik redelijk overtuigd dat dit het huis is van uw foto, dat is geen 100 procent zekerheid, daarvoor komt het type huis hier te veel voor.’

Toch werd even later de laatste twijfel weggenomen: als je de kleurnuances in de stenen ziet, zitten de donkere stenen en de lichtere op dezelfde plekken, dat is bijna een vingerafdruk. Ook als je kijkt naar het dak en de dakgoot van het huis rechts ernaast en naar de situering van de deur links. Frappant! Dit huis moest het zijn: K. de Boerweg nummer 11.

Eerste familiecontact

Dezelfde Wouter Huese zorgde er via zijn site voor dat er voor het eerst contact werd gelegd met de nog in Groningen wonende nazaten van de Groenevelds. Na mijn oproep op www.vrouger.nl meldde Herma Renkema zich als kleindochter van mijn oma's zus Hermina Groeneveld, die in 1902 in Rheine werd geboren.

Herma´s moeder, Martinus' kleindochter Tjaakje Jantje, kan zich nog herinneren dat haar moeder Hermina in het huis aan de K. de Boerweg heeft gewoond. Later is Hermina verhuisd naar K. de Boerweg 4, waar zij met haar man Pieter Engel woonde. Daarna woonde Tjaakjes broer Gradus op nummer 4. Een andere broer, Jan Cornelis, woonde op nummer 28. Een enclave bijna…

'Groete uit Woltersum'. Ansichtkaarten die mijn familieleden elkaar rond 1915 stuurden. Rechts de K. de Boerweg omstreeks 1913. Mijn overgrootouders woonden aan de K. de Boerweg nummer 11. Onder de linde staat bakker Balk. Naast de bakkerij woonde D. Dertien, op nummer 15.

Uit de albums van de Groninger familieleden doken ook de eerste foto's op van mijn overgrootvader: samen met zijn vrouw Tjaakje Bouwman, met zijn kleinzoon en naamgenoot Martinus Willem Groeneveld en een foto in de tuin bij zijn huis aan de K. de Boerweg 11.

Links Martinus Groeneveld in de tuin bij zijn huis aan de K. de Boerweg 11 in Woltersum. Midden en rechts Martinus Groeneveld met zijn kleinzoon en naamgenoot Martinus Willem Groeneveld. De foto is waarschijnlijk rond 1937 gemaakt. Op het 'tilje' in Woltersum, de Groningse (en Friese) naam voor een van oorsprong losse brug. Het woord betekent eigenlijk plank (vergelijk duiventil). Een til was vroeger namelijk van hout en werd aan het begin van de winter afgebroken om de onderdelen droog te kunnen bewaren. In het voorjaar werden de planken teruggelegd. In 1929 werd de til een brug, maar de naam til is blijven bestaan. Er zijn zelfs plaatsnamen die naar de lokale brug zijn genoemd zoals Enumatil. Op de achtergrond, recht tegenover de witte betonnen brug, de voormalige boerderij van Martinus Groeneveld aan de Kollerijweg 22.

Tot mijn verrassing vond ik in het boek Woltersum - samengesteld door de Werkgroep Boek Woltersum - een foto uit ca. 1925 van de Hoofdweg in Woltersum met daarop mijn overgrootvader Martinus Groeneveld. Hij staat helemaal rechts, voor het huis van kapper Kiel die in zijn kappersjas voor zijn woning staat. In het midden van de foto Tiemen Muda met zijn zoontje achterop de fiets. Midden op de straat bij de hond staan Harko en Jan Hamminga. Links het huis van schoenmaker B. Venekamp, dat in 1937 werd gesloopt.

Poëzie-album

Het enige spoortje van oma Tjaakje uit de periode Woltersum was na wat speurwerk te vinden in de stamboom van Grietje van Koldam, waarschijnlijk een vriendinnetje. Zij werd in 1883 geboren in Woltersum en overleed in Weesp in 1978, 95 jaar oud. Van Grietje zijn een paar poëzie-albums bewaard gebleven en in een van die albums staat een bijdrage van Tjaaktje Groeneveld (zonder plaats, 21 februari 1900). Oma was toen 13 jaar.

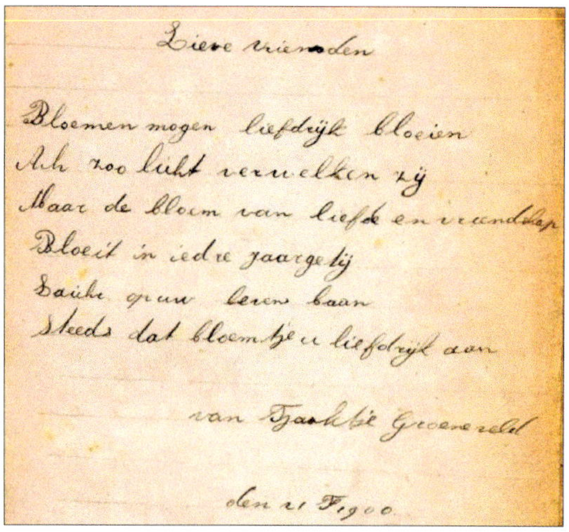
Lieve vriendin

Bloemen mogen liefdrijk bloeien
Ach zoo licht verwelken zij
Maar de bloem van liefde en vriendschap
Bloeit in iedre jaargetij
Daalt op uw levens baan
Steeds dat bloemtje u liefdrijk aan

van Tjaktje Groeneveld

den 21 F 1900

Het poëzie-album van Grietje van Koldam met de bijdrage van oma Tjaakje.

Even later komt er onverwacht – door bemiddeling van Eppo van Koldam, gemeentesecretaris van Haren en een nazaat van Grietje – ook een foto boven water uit die periode. Het is een schoolfoto met rechts vooraan Eppo van Koldam, het jongere broertje van Grietje en de grootvader van de 'fotoleverancier'. De schoolmeester heet Jacob Wolthuis, die ook de eerste voorzitter was van de ijsvereniging in Woltersum en aan de Kollerijweg 10 woonde. Hij was lang aan de school verbonden: van 1862 tot 1896. Volgens nazaat Eppo is het zeer waarschijnlijk dat ook Grietje van Koldam en Tjaakje Groeneveld op deze foto staan.

De schoolfoto uit de periode Woltersum, waar oma Tjaakje waarschijnlijk op staat. Mijn gokje: een van de 2 meisjes op de bovenste rij rechts naast meester Jacob Wolthuis, de ander zou een van haar zussen kunnen zijn.

Verwarring

Wat was mijn overgrootvader Martinus Groeneveld voor een man? Je mag toch aannemen dat er ook voor Martinus als jongste telg van een graanbaron een boerderij of hotel klaar stond, maar als je de beroepen bekijkt die Martinus uitoefende slaat de verwarring toe.

Toen hij in 1883 trouwde met Jantje Bouwman stond er vermeld 'zonder beroep', de jaren daarna was hij boer in Bedum, in 1888 boer in Woltersum, in december 1892 geen beroep, even later en ook nog in 1898 wagenmaker in Woltersum. Toen dook hij van 1902 tot 1915 op in Rheine, net over de grens, als textielarbeider. Gastarbeider dus. En in 1921 was hij terug in Woltersum, als dagloner. In 1922 was hij weer landbouwer en een jaar later landarbeider. Zeg het maar…

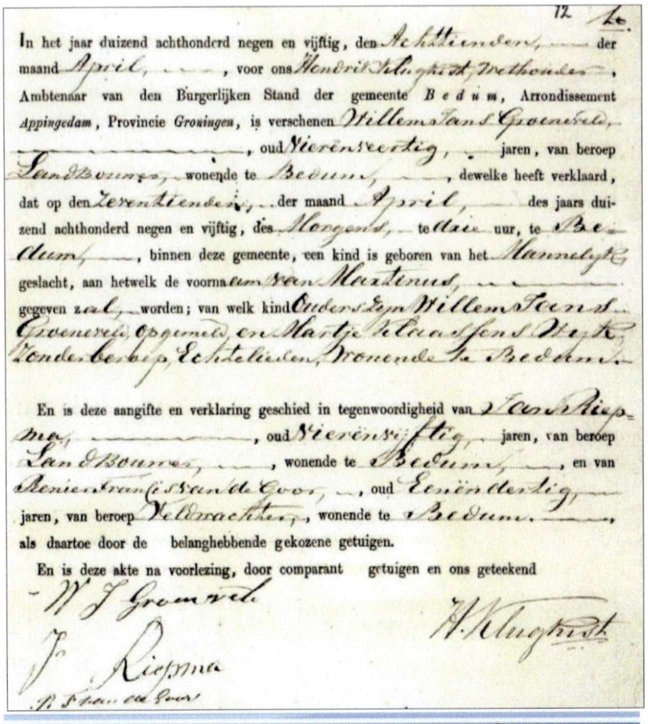
12

In het jaar duizend achthonderd negen en vijftig, den Achttienden, der maand April, voor ons Hendrik Klugkist, Wethouder, Ambtenaar van den Burgerlijken Stand der gemeente Bedum, Arrondissement Appingedam, Provincie Groningen, is verschenen Willem Jans Groeneveld, oud Vierenveertig, jaren, van beroep Landbouwer, wonende te Bedum, dewelke heeft verklaard, dat op den Zeventienden, der maand April, des jaars duizend achthonderd negen en vijftig, des Morgens, te drie uur, te Bedum, binnen deze gemeente, een kind is geboren van het Mannelijke geslacht, aan hetwelk de voornaam van Martinus, gegeven zal worden; van welk kind Ouders zijn Willem Jans Groeneveld, opgemeld, en Martje Klaassens Wijk, Zonder beroep, Echtelieden, wonende te Bedum.

En is deze aangifte en verklaring geschied in tegenwoordigheid van Jan Riepma, oud Vierenvijftig, jaren, van beroep Landbouwer, wonende te Bedum, en van Renier Franciscus van de Goor, oud Eenendertig, jaren, van beroep Veldwachter, wonende te Bedum, als daartoe door de belanghebbende gekozene getuigen.

En is deze akte na voorlezing, door comparant getuigen en ons geteekend

W J Groeneveld

H Klugkist

J Riepma

R F van de Goor

Persoonskaart Martinus Groeneveld

Event	Datum	Beroep	Straat	Woonplaats
Geboorte	ABT 1871			Bedum (Groningen)
Beroepen	12-11-1884	Landbouwer		Bedum (Groningen)
Beroepen	10-03-1887	Landbouwer		Bedum (Groningen)
Beroepen	28-04-1921	daglooner		
Beroepen	30-11-1922	Landbouwer		
Beroepen	06-02-1929	landarbeider		
Overleden	28-01-1943			Ten Boer

De persoonskaart en de geboorteakte van Martinus Groeneveld.

‘Zonder beroep’

Laten we maar beginnen in 1883, het jaar dat hij trouwde. Die gebeurtenis roept direct al vragen op. Op de trouwakte staat bij Martinus ‘zonder beroep’ vermeld. Merkwaardig voor een telg van een graanbaron. Wel is hij in dienst geweest: voldaan aan de nationale militie.

Dan de getuigen: de stiefvader van bruid Tjaakje Bouwman, een logementshouder en 2 veldwachters. Geen enkel lid van de familie Groeneveld. En zijn vader was niet eens aanwezig: Willem Jans Groeneveld gaf per notariële akte toestemming. Martinus’ moeder was al overleden. De moeder van de pas 20jarige en dus nog minderjarige bruid, Tjaakje Landman, was wel bij de plechtigheid aanwezig.

Was er onenigheid? Waren de Groenevelds niet gelukkig met het huwelijk? Daar komt bij dat de zeer bescheiden huwelijksadvertentie ook al niet uitblinkt van enthousiasme. Het zijn allemaal vragen die onbeantwoord zullen blijven. Het huwelijk was in elk geval geen ‘moetje’ want het eerste kind, Martha die ik nog goed heb gekend, werd pas anderhalf jaar later geboren, in november 1884.

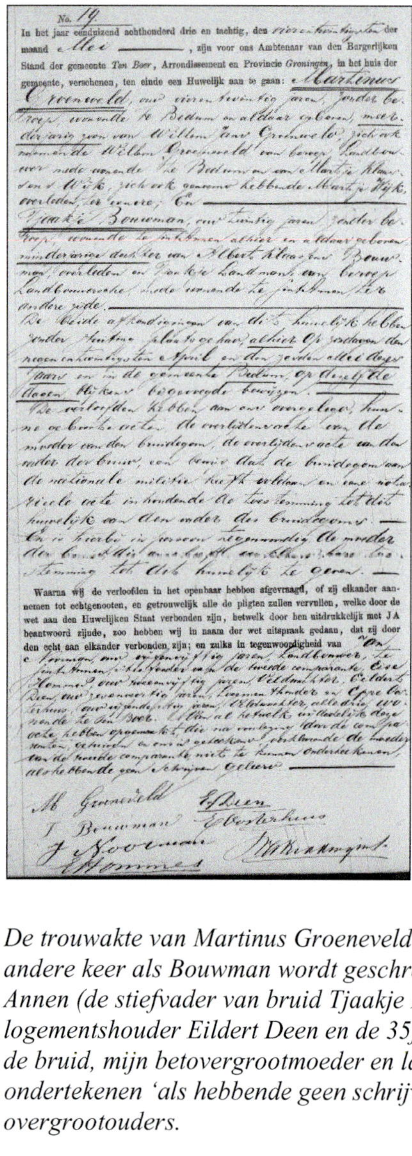

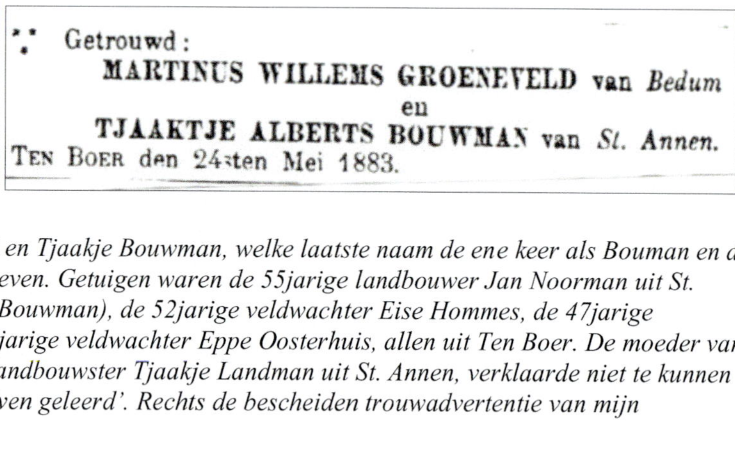

Getrouwd :
MARTINUS WILLEMS GROENEVELD van *Bedum*
en
TJAAKTJE ALBERTS BOUWMAN van *St. Annen.*
TEN BOER den 24sten Mei 1883.

De trouwakte van Martinus Groeneveld en Tjaakje Bouwman, welke laatste naam de ene keer als Bouman en de andere keer als Bouwman wordt geschreven. Getuigen waren de 55jarige landbouwer Jan Noorman uit St. Annen (de stiefvader van bruid Tjaakje Bouwman), de 52jarige veldwachter Eise Hommes, de 47jarige logementshouder Eildert Deen en de 35jarige veldwachter Eppe Oosterhuis, allen uit Ten Boer. De moeder van de bruid, mijn betovergrootmoeder en landbouwster Tjaakje Landman uit St. Annen, verklaarde niet te kunnen ondertekenen ‘als hebbende geen schrijven geleerd’. Rechts de bescheiden trouwadvertentie van mijn overgrootouders.

Kollerijweg

Een jaar of 5 jaar later, op 19 maart 1888, leek het allemaal toch goed gekomen te zijn. Martinus en zijn vrouw kochten toen een boerderij met 13 hectare land aan de Kollerijweg 22 in Woltersum. 4 jaar daarna, op 25 februari 1892, werd alles alweer verkocht, zo blijkt uit het Boerderijenboek Ten Boer. Zou dat de boerderij zijn die aan de drank werd geofferd?

In december 1892 – bij het overlijden van zijn vader Willem Jans Groeneveld – werd in de verkoopakte van het huis aan de Grotestraat in Bedum vermeld over Martinus (op dat moment 32 jaar): geen beroep of maatschappelijke betrekking, 10 maanden na de verkoop van de boerderij dus. Om zijn door drankgebruik veroorzaakte schulden te betalen?

De boerderij aan de Kollerijweg 22 in hartje Woltersum, aan de overkant van de brug over het 'diepje' met de naam De Lustige Maar, pal tegenover café De Witte Brug. Sinds 2010 is de boerderij van mijn overgrootouders een zorgboerderij: De Slingertuin.

Hoofdstuk 8

Aan lagerwal geraakte ‘herenboer’

Juist op het moment dat de vraagtekens over overgrootvader Martinus zich ophoopten, brachten bewaard gebleven aantekeningen van de in 1998 overleden Bernard Dijk uitkomst. Dijk was getrouwd met Lien Dijk-Zandt, een kleindochter van Martinus Groeneveld, en had zich verdiept in de geschiedenis van zijn schoonfamilie. Hij dook bevolkingsregisters in, ontrafelde de merkwaardige verhuizingen van mijn overgrootouders, en sprak ook met familieleden.

Onder anderen met Johanna Groeneveld, een van de 6 dochters van Martinus en zus van mijn oma. En haar door Dijk genoteerde opmerkingen brengen ons uiteindelijk dicht bij de oplossing van het raadsel: ‘Vroeger waren ze Herenboer geweest, maar door ‘goede vrienden’ en door drank aan lagerwal geraakt en toen een kleine boerderij in Woltersum gehad; later afgebrand’.

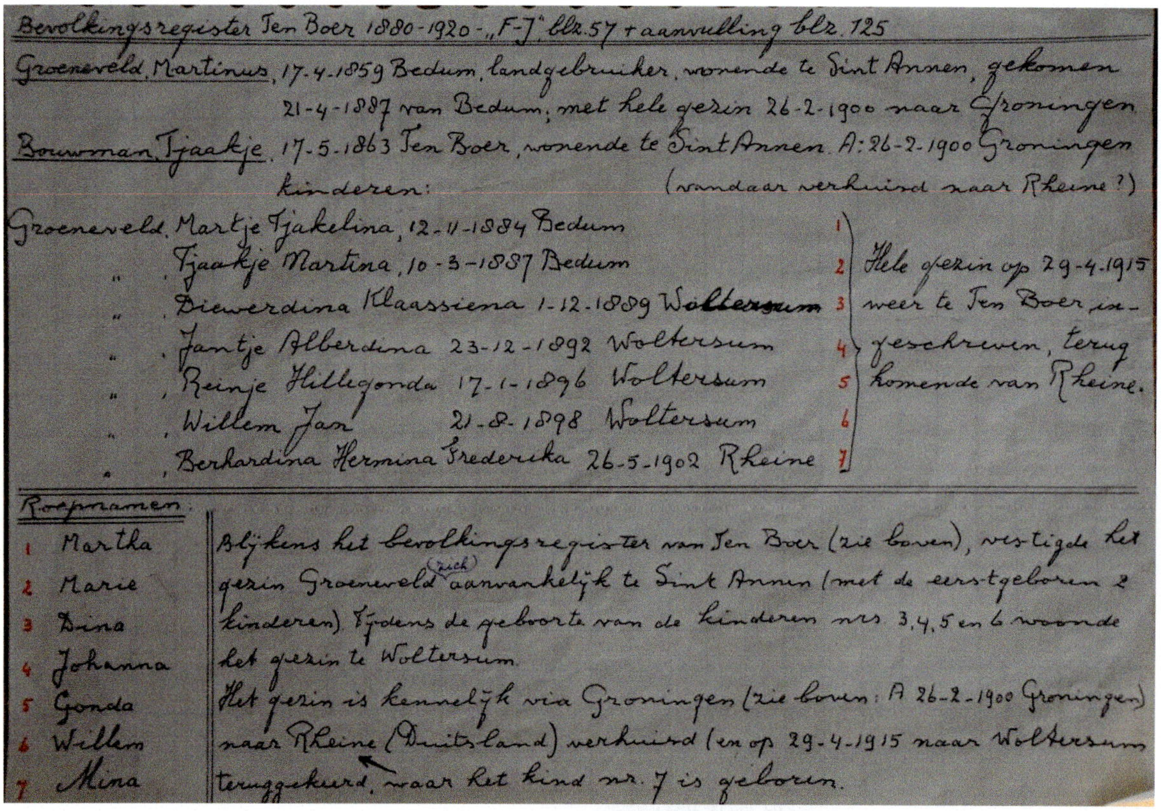

Bevolkingsregister Ten Boer 1880-1920 - „F-J" blz. 57 + aanvulling blz. 125

Groeneveld, Martinus, 17-4-1859 Bedum, landgebruiker, wonende te Sint Annen, gekomen 21-4-1887 van Bedum; met hele gezin 26-2-1900 naar Groningen

Bouwman, Tjaakje, 17-5-1863 Ten Boer, wonende te Sint Annen. A: 26-2-1900 Groningen

kinderen: (vandaar verhuisd naar Rheine?)

Groeneveld, Martje Tjakelina, 12-11-1884 Bedum 1
" , Tjaakje Martina, 10-3-1887 Bedum 2
" , Dieuwerdina Klaassiena 1-12-1889 Woltersum 3
" , Jantje Alberdina 23-12-1892 Woltersum 4
" , Reinje Hillegonda 17-1-1896 Woltersum 5
" , Willem Jan 21-8-1898 Woltersum 6
" , Berhardina Hermina Frederika 26-5-1902 Rheine 7

Hele gezin op 29-4-1915 weer te Ten Boer ingeschreven, terug komende van Rheine.

Roepnamen:
1 Martha
2 Marie
3 Dina
4 Johanna
5 Gonda
6 Willem
7 Mina

Blijkens het bevolkingsregister van Ten Boer (zie boven), vestigde (zich) het gezin Groeneveld aanvankelijk te Sint Annen (met de eerstgeboren 2 kinderen). Tijdens de geboorte van de kinderen nrs 3, 4, 5 en 6 woonde het gezin te Woltersum.
Het gezin is kennelijk via Groningen (zie boven: A 26-2-1900 Groningen) naar Rheine (Duitsland) verhuisd (en op 29-4-1915 naar Woltersum teruggekeerd), waar het kind nr. 7 is geboren.

Door Bernard Dijk verzamelde informatie uit het bevolkingsregister van Ten Boer, waaruit blijkt dat het hele gezin op 26 februari1900 verhuisde naar Groningen. Hoe en waarom is niet bekend. Vandaar zijn ze waarschijnlijk naar Rheine gegaan, waar in mei 1902 het jongste kind werd geboren: Bernhardine (Mina). Op 29 april 1915 stond Martinus weer ingeschreven in Woltersum.

Een foto uit de korte periode in Groningen rond 1900, vlak voordat het gezin naar Rheine vertrok. Op de foto waarschijnlijk de 3 jongste kinderen: links Hillegonda, op schoot Willem en rechts Johanna.

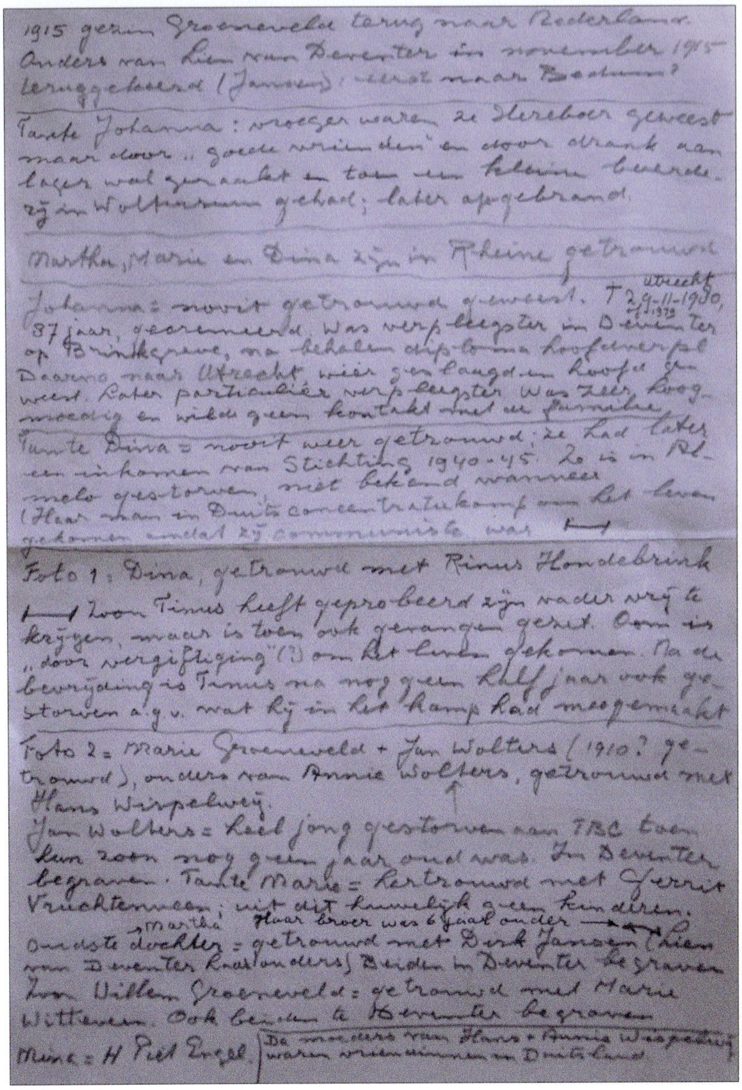

1915 gezin Groeneveld terug naar Nederland.
Anders van hen van Deventer in november 1915
teruggekeerd (Janssen): eerst naar Bedum?

Tante Johanna: vroeger waren ze Hereboer geweest
maar door „goede vrienden" en door drank aan
lager wal geraakt en toen een kleine boerde-
rij in Wolthuizen gehad; later afgebrand.

Martha, Marie en Dina zijn in Rheine getrouwd

Johanna: nooit getrouwd geweest. † 29-11-1980, Utrecht
87 jaar, gecremeerd. Was verpleegster in Deventer
op Brinkgreve, na behalen diploma hoofdverpl.
Daarna naar Utrecht waar ze lang daar hoofd ge-
weest. Later particulier verpleegster. Was zeer hoog-
moedig en wilde geen kontakt met de familie.

Tante Dina = nooit weer getrouwd; ze had later
een inkomen van Stichting 1940-45. Zo is in Rh-
meln gestorven, niet bekend wanneer.
(Haar man in Duits concentratiekamp om het leven
gekomen omdat hij communist was

Foto 1: Dina, getrouwd met Rinus Hondebrink
Zoon Tinus heeft geprobeerd zijn vader vrij te
krijgen, maar is toen ook gevangen gezet. Oom is
„door vergiftiging" (?) om het leven gekomen. Na de
bevrijding is Tinus na nog geen half jaar ook ge-
storven a.g.v. wat hij in het kamp had meegemaakt

Foto 2 = Marie Groeneveld + Jan Wolters (1910? ge-
trouwd), ouders van Annie Wolters, getrouwd met
Hans Wispelwey.
Jan Wolters = heel jong gestorven aan TBC toen
hun zoon nog geen jaar oud was. In Deventer
begraven. Tante Marie = hertrouwd met Gerrit
Vruchteveen; uit dit huwelijk geen kinderen.
Martha — Haar broer was 6 jaar ouder
Oudste dochter = getrouwd met Dirk Janssen (hier
van Deventer Kaatonders) Beiden in Deventer begraven
Zoon Willem Groeneveld = getrouwd met Marie
Witteveen. Ook beiden te Deventer begraven

Mine = H Piet Engel. | De moeders van Hans + Annie Wispelwey waren vriendinnen in Duitsland.

Aantekeningen van Bernard Dijk met onder meer de woorden van Johanna Groeneveld over haar aan lagerwal geraakte vader.

Geen herenboer

Hartelijk dank Bernard Dijk en Johanna Groeneveld. Die combinatie zette ons eindelijk op het goeie spoor: de boerderij in Woltersum is dus niet de boerderij die Martinus heeft verzopen. Dat moet veel eerder zijn geweest. In januari 2014 kwamen we er met hulp van Bedumexpert Alko van der Laan achter dat het om een boerderij in Bedum gaat, dus voor de periode Woltersum. Het is de boerderij waar Martha en mijn oma werden geboren. Blijkbaar toch het traditionele douceurtje dat alle kinderen van Willem Jans Groeneveld bij hun huwelijk ten deel viel.

Maar we kunnen Martinus bepaald geen 'herenboer' noemen zoals Johanna vertelde. Boerderij De Horn (de hoek) was een kleine boerderij in de hoek van het Kardingermaar en de tegenwoordige spoorlijn. Met maar twee en een halve hectare grond. Geen herenboer, maar een klein boertje dus. Commentaar van Alko van der Laan: 'Als je de bedragen ziet was het niet een grote toer om deze boerderij in drank om te zetten!'

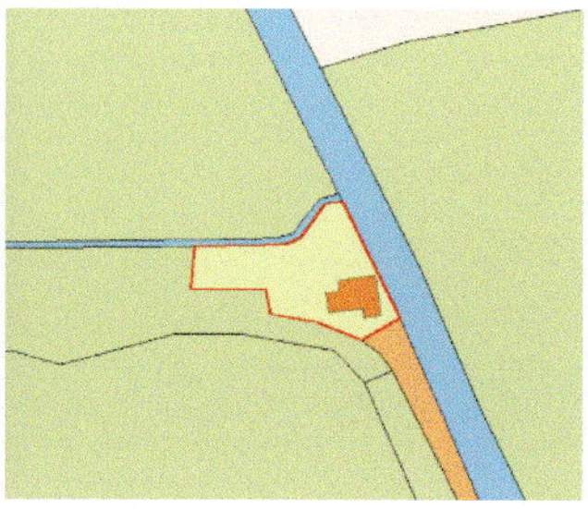

Bedumkenner Alko van der Laan: 'Kijk maar eens bij notaris Samuel van Meerten, notaris te Onderdendam, koop op 9-6-1883. Het is een boerderijtje van 2.5 hectare en lag in de hoek tegen het Kardingermaar en de tegenwoordige spoorlijn aan. Toenmalig adres Ter Laan 37. In de jaren 60 afgebroken. Hij heeft het verkocht op 11-1-1887, ook bij notaris Van Meerten. Kijk ook eens op HisGis, kadasternummer D546. Als je de bedragen ziet was het niet een grote toer om deze boerderij in drank om te zetten! Hij was dan ook bepaald geen herenboer.' Rechts: kadasternummer D546 van de site www.hisgis.nl toont ons de exacte locatie van de boerderij De Horn.

Het toenmalige adres was Ter Laan 37, niet ver van de boerderij van Martinus' vader, Willem Jans Groeneveld, die op nummer 27 aan dezelfde kant van Bedum over meer dan 50 hectare land beschikte. Martinus kocht De Horn op 9 juni 1883 via notaris Samuel van Meerten, notaris te Onderdendam, en deed het op 11 januari 1887 weer van de hand, eveneens bij notaris Van Meerten. Helaas gaat het om onzichtbare geschiedenis: in de jaren 60 werd de boerderij afgebroken.

Even later werd ook het raadsel van de afgebrande boerderij opgelost die door Johanna wordt genoemd. Dat blijkt inderdaad de boerderij aan de Kollerijweg 22 in Woltersum te zijn geweest die Martinus Groeneveld van 1888 tot 1892 in zijn bezit had. In 1931 brandde alles af; later vond herbouw plaats, zo blijkt uit het boek Woltersum.

Eindelijk gevonden: de bewuste 'verzopen' boerderij van Martinus Groeneveld. Hier woonden mijn overgrootouders direct na hun huwelijk en hier werden Martha en mijn oma geboren. Het is boerderij De Horn (wat hoek betekent), hier in de jaren 50 gefotografeerd. In de archieven staat genoteerd: Boerderij van Harke Rutgers, hoek Kardingermaar en spoorlijn, Ter Laan 37. Het land waar De Horn heeft gestaan, is nu in het bezit van melkveehouder A.J. Makken, Keesriefweg 4 in Middelstum. Foto uit de collectie van de Historische Vereniging gemeente Bedum.

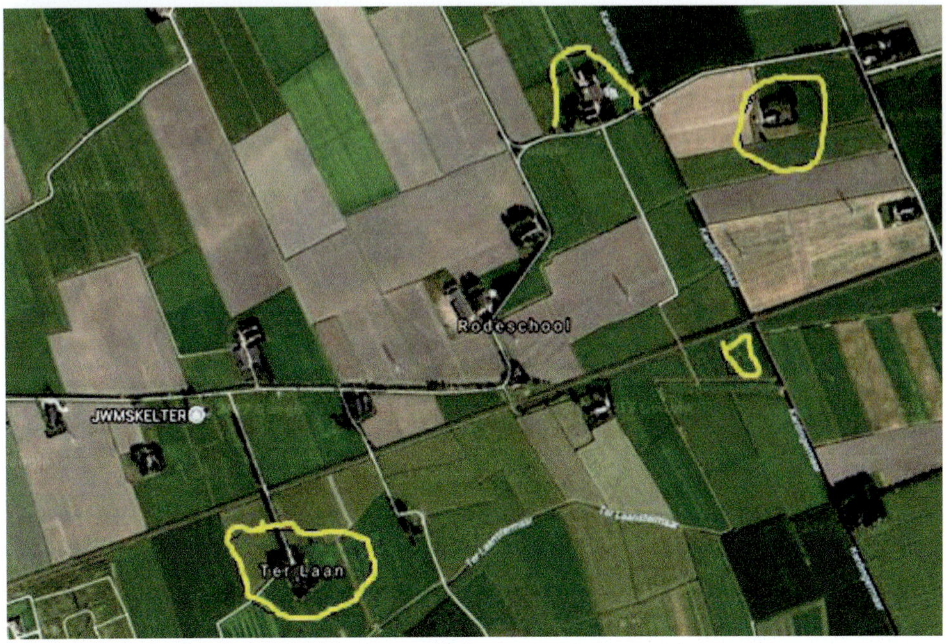

Op deze kaart is goed te zien hoe dicht sommige Groenevelds bij elkaar woonden. Linksonder de inmiddels gesloopte boerderij van mijn betovergrootvader Willem Jans Groeneveld (Ter Laan 27). Op de kleinere locatie rechts stond de boerderij De Horn van mijn overgrootvader Martinus Groeneveld (Ter Laan 37). Het land waar die boerderij heeft gestaan, is nu in bezit van de fam. Makken aan de Keesriefweg 4 in Middelstum (locatie boven links). Op de locatie boven rechts (Keesriefweg 1) woonden Jacomina Groeneveld (een zus van overgrootvader Martinus) met haar man Heine van Maar: boerderij De Breekenhoeve.

Onzichtbare geschiedenis... Daar was het! Een jaar of 135 nadat mijn overgrootvader er woonde, is er niets meer te zien van zijn boerderij. De Horn werd in de jaren 60 afgebroken. Links op de foto het Kardingermaar. Rechts veehouder Aljan Makken, de huidige eigenaar van de grond.

Hoofdstuk 9

Een sjacheraar zonder geld

Maar wat was het voor man, mijn overgrootvader? Er is bijna niemand meer in leven die hem heeft gekend. Mijn vader heb ik nooit iets over zijn opa horen vertellen. Henk Groeneveld heeft aan zijn grootvader niet veel herinneringen. Hij heeft ook nog nooit een foto van hem gezien. Geertje Groeneveld heeft haar grootouders zelfs nooit in levenden lijve gezien.

Mijn overgrootouders op latere leeftijd. Afbeelding rechts: deze felicitatiekaart komt uit de nalatenschap van mijn oma Tjaaktje Groeneveld. Het is een met de pen getekende kaart ter gelegenheid van de 76ste verjaardag op 17 april 1935 van overgrootvader Martinus. Van wie de kaart afkomstig is - W. en H.R. - is niet duidelijk. Merkwaardig: als geboortejaar staat vermeld 1859. Andere (officiële) bronnen vermelden ook 1859, maar op zijn grafsteen staat 1860.

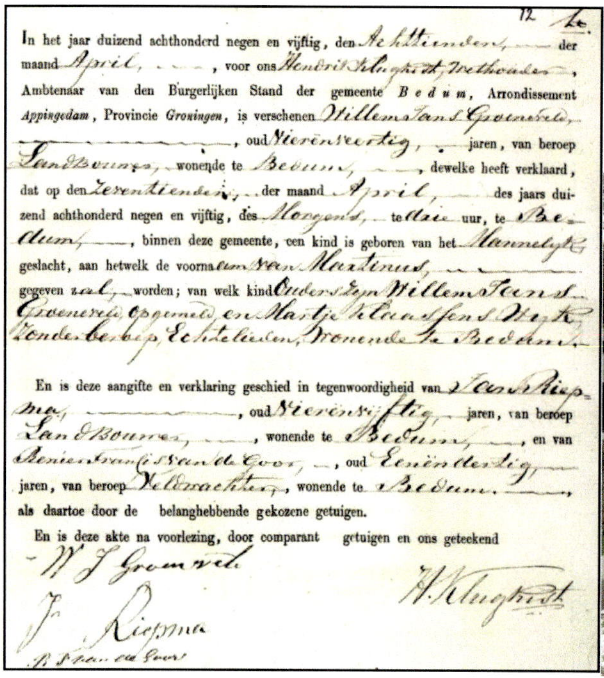
12 / 22

In het jaar duizend achthonderd negen en vijftig, den Achttienden, der maand April, voor ons Hendrik Klugkist, Wethouder, Ambtenaar van den Burgerlijken Stand der gemeente Bedum, Arrondissement Appingedam, Provincie Groningen, is verschenen Willem Jans Groeneveld, oud Vierenveertig, jaren, van beroep Landbouwer, wonende te Bedum, dewelke heeft verklaard, dat op den Zeventienden, der maand April, des jaars duizend achthonderd negen en vijftig, des Morgens, te drie uur, te Bedum, binnen deze gemeente, een kind is geboren van het Mannelijk geslacht, aan hetwelk de voornaam van Martinus, gegeven zal worden; van welk kind Ouders zijn Willem Jans Groeneveld, Opgemeld, en Maartje Klaassens Wijk, Zonder beroep, Echtelieden, Wonende te Bedum.

En is deze aangifte en verklaring geschied in tegenwoordigheid van Jan Riepma, oud Vierenvijftig, jaren, van beroep Landbouwer, wonende te Bedum, en van Benier Franciscus van de Goor, oud Eenendertig, jaren, van beroep Veldwachter, wonende te Bedum, als daartoe door de belanghebbende gekozene getuigen.

En is deze akte na voorlezing, door comparant getuigen en ons geteekend

W J Groeneveld

H Klugkist

J Riepma

B F van de Goor

Een jaar verschil... Op de officiële geboorteakte staat dat Martinus Groeneveld is geboren op 17 april 1859, terwijl op zijn grafsteen 1860 staat vermeld. Rara...... We gaan er van uit dat er een fout is gemaakt bij het graveren op de steen.

Volgens Henk is hij maar één keer op bezoek geweest in Woltersum: 'Ik heb mijn opa eenmaal gezien, maar toen was ik nog heel klein en ik kan me er niets van herinneren'. Wel heeft hij onthouden dat Martinus bekend stond als een sjacheraar: 'Hij handelde altijd in van alles en nog wat, maar hield er zelden een cent aan over'.

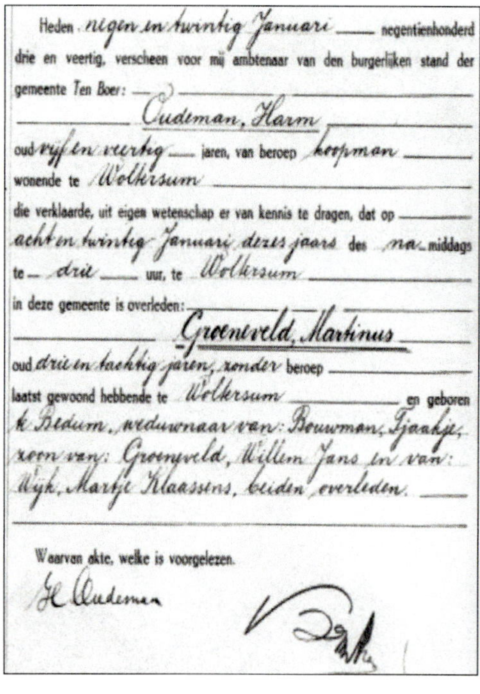
Heden negen en twintig Januari negentienhonderd drie en veertig, verscheen voor mij ambtenaar van den burgerlijken stand der gemeente Ten Boer:

Oudeman, Harm

oud vijf en veertig jaren, van beroep koopman wonende te Woltersum

die verklaarde, uit eigen wetenschap er van kennis te dragen, dat op acht en twintig Januari dezes jaars des namiddags te drie uur, te Woltersum in deze gemeente is overleden:

Groeneveld, Martinus

oud drie en tachtig jaren, zonder beroep laatst gewoond hebbende te Woltersum en geboren te Bedum, weduwnaar van: Bouwman, Tjaakje, zoon van: Groeneveld, Willem Jans en van: Wijk, Maartje Klaassens, beiden overleden.

Waarvan akte, welke is voorgelezen.

H Oudeman

Heden overleed, zacht en kalm, onze geliefde Vader, Behuwd-, Groot- en Overgrootvader

MARTINUS GROENEVELD,

in den ouderdom van bijna 84 jaren, Weduwn. van Tjaakje Bouwman.

Woltersum, 28 Jan. 1943.

Fam. Groeneveld.

De overlijdensakte van Martinus Groeneveld. De aangifte werd gedaan door koopman Harm Oudeman, die een winkel had in een pand aan de Hoofdweg 9 in Woltersum waar later J. Wispelweij een sigarenzaak had. Rechts de overlijdensadvertentie in het Nieuwsblad van het Noorden van 30-1-1943.

Martinus' kleindochter Geertje Groeneveld in 2010 met enkele oude familiefoto's.

Lien Dijk-Zandt, een andere kleindochter, weet alleen nog dat haar opa vaak aan het vissen was. In elk geval kan ze zich niet herinneren dat hij ooit werkte, maar dat is niet zo vreemd want in 1930 - toen Lien acht jaar was - was Martinus al 70.

Overgrootvader Martinus op latere leeftijd, waarbij direct de frappante gelijkenis met mijn neef Tako Wispelweij (zijn achterkleinzoon) opvalt.

De in 1932 in Woltersum geboren Hennie Blaauw kan zich mijn overgrootvader nog goed voor de geest halen, al was hij pas 11 jaar toen Martinus overleed: 'Het was een grote, forse man. Hij leek mij vrij streng. *Gronveld* werd ie genoemd, op zijn Gronings. Ik heb nooit met hem gesproken, maar ik weet wel dat ik nooit een verkeerd woord over hem heb gehoord. Ook niet over drankgebruik of iets dergelijks'.

Met deze informatie moeten we het doen. Wat blijft hangen is het beeld van een man die in het gezin van een rijke herenboer werd grootgebracht, zijn bezit in alcohol omzette, noodgedwongen met zijn gezin moest verkassen naar Duitsland om daar als gastarbeider te werken, van het ene beroep in het andere verzeild raakte en op wie kwalificaties zijn gegeven als aan lagerwal geraakt, verkeerde vrienden en sjacheraar. Het kon beter.

Hoofdstuk 10

Woltersum kopje onder?

Begin januari 2012 stond Woltersum voor de zoveelste keer met de voeten in het water. Al meer dan 25 jaar sijpelde er water door de dijk langs het Eemskanaal, maar in 2012 was de toestand plotseling kritiek. Een hoge waterstand was te veel gevraagd voor de slecht onderhouden dijk, wisten de dorpsbewoners. 'De diek lek? Ach, man dat pokkeding is oaltied al lek weest'.

Deze maquette is te vinden in het Militair Museum in Soesterberg. Het geeft weer hoe het leger zich inzette in 'de nacht van Woltersum'.

In het holst van de nacht van donderdag 5 op vrijdag 6 januari werd bij iedereen in het dorp aangebeld of op de deur geklopt. Paniek in de straatjes achter de dijk. 'Opstaan, spullen pakken en wegwezen', was de opdracht van agenten met een evacuatiebevel, 'de dijk kan het begeven'. Als dat gebeurt komt Woltersum anderhalf tot twee meter onder water te staan.

De ruim 300 inwoners kregen een half uur om hun belangrijkste spullen te pakken en zich te melden in de sporthal in het nabijgelegen Ten Boer. Zeker voor de oudere inwoners hakte de ontruiming er in. Velen vonden in de loop van de dag onderdak bij familie of kennissen.

Zoals de 71jarige Gradus Engel, een neef van mijn vader, die een nachtje ging logeren bij zijn zus Tjaakje in Ten Boer. Ingrijpender was het voor Gradus' 2 jaar oudere broer Jan, die op dat moment al ernstig ziek was. Hij werd met een ambulance naar een verpleeghuis in Ten Boer gebracht. Een aantal weken later overleed Jan Engel.

Spookdorp

Maar niet iedereen wilde weg uit Woltersum. Een man van 81 bleef zitten waar hij zat: 'De moffen hebben de boel ook onder water gezet en toen bleven we ook'. Waarop ME'ers begonnen te dreigen: 'Alle elektra gaat er uit'. Reactie: 'Nou, dan steek ik de open haard toch aan! Ze krijgen mij niet weg'.

De volgende ochtend was Woltersum een spookdorp. De straten waren leeg. In het gebied was een noodverordening van kracht. De toegangswegen werden afgesloten door de politie. Niemand mocht er naar toe. De ME patrouilleerde in het dorp en er werden helikopters ingezet.

Een dag later, zaterdag 7 januari, was alles weer voorbij en mocht iedereen onder politiebegeleiding terug naar huis. Het gevaar was geweken. Café De Witte Brug ging direct weer open. Vul de glazen! Een inwoner van Woltersum vatte het daar even samen: 'Ik zag verdomme mien schoonmoeder bie BBC. Wist nait eens dat ze Engels kon, ja'.

Hoofdstuk 11

Wil de echte Tjaakje opstaan?

Enkele Tjaakjes op een rij: vlnr overgrootmoeder Tjaakje Bouman, oma Tjaakje, Tjakelina Jansen, Tjakalina Hondebrink, Tjaakelina Zandt en Tjaakje Engel.

Tjaakje. Rare naam… Dat vond mijn oma Tjaakje Martina Groeneveld zelf waarschijnlijk ook. Op een bewaard gebleven geldkistje van haar staat niet voor niets geen Tjaakje of Tjaaktje, maar Martina Groeneveld. En iedereen noemde haar tante Marie en geen tante Tjaakje.

De naam komt van mijn betovergrootmoeder Tjaakje Landman en is via overgrootmoeder Tjaakje Bouwman (een zus van haar heette Taakje zonder j) onder anderen doorgegeven aan mijn oma Tjaakje, haar zus Martje Tjakelina, mijn tante Anna Tjaakoliena Wolters, mijn neef Tako Wispelweij en aan mijn vaders nichten Geertje Tjakelina Groeneveld, Tjakelina Johanna Jansen, Tjakalina Hondebrink, Tjaakelina Jantje Zandt en Tjaakje Jantje Engel.

Een bewaard gebleven geldkistje met daarop de naam Martina Groeneveld. Vermoedelijk vond mijn oma haar naam Tjaakje later minder aantrekkelijk en is ze zichzelf Martina of Marie gaan noemen. Andere familieleden spraken ook altijd van 'tante Marie'.

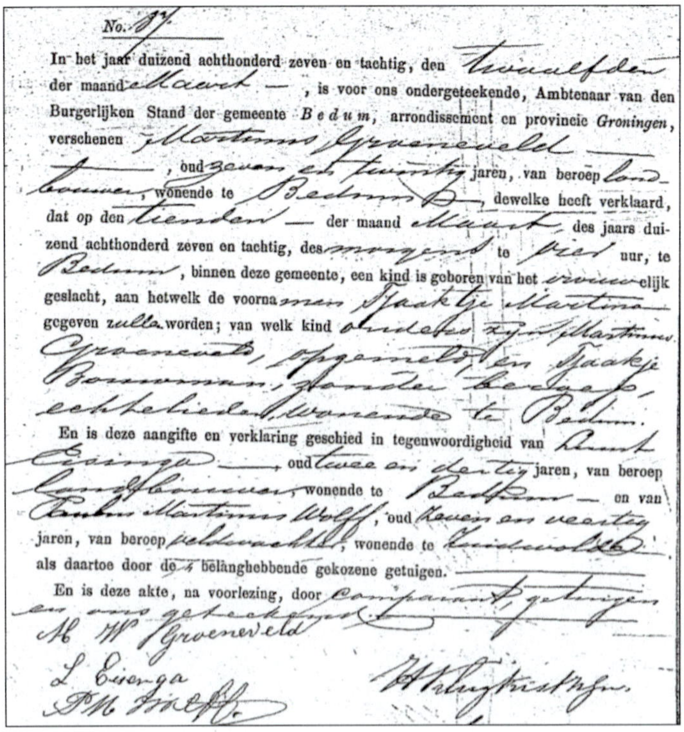
No. 37.

In het jaar duizend achthonderd zeven en tachtig, den twaalfden der maand Maart —, is voor ons ondergeteekende, Ambtenaar van den Burgerlijken Stand der gemeente Bedum, arrondissement en provincie Groningen, verschenen Martinus Groeneveld —, oud zeven en twintig jaren, van beroep landbouwer, wonende te Bedum B —, dewelke heeft verklaard, dat op den tienden — der maand Maart, des jaars duizend achthonderd zeven en tachtig, des morgens te vier uur, te Bedum, binnen deze gemeente, een kind is geboren van het vrouwelijk geslacht, aan hetwelk de voornamen Tjaaktje Martina gegeven zullen worden; van welk kind ouders zijn Martinus Groeneveld, opgemeld, en Tjaakje Bouwman, zonder beroep, echtgenooten, wonende te Bedum.

En is deze aangifte en verklaring geschied in tegenwoordigheid van Luurt Eisinga, oud twee en dertig jaren, van beroep landbouwer, wonende te Bedum — en van Paulus Martinus Wolff, oud zeven en veertig jaren, van beroep veldwachter, wonende te Zuidwolde, als daartoe door de belanghebbende gekozen getuigen.

En is deze akte, na voorlezing, door comparant, getuigen en ons geteekend.

M W Groeneveld

L. Eisinga

P.M. Wolff

[illegible]

Uittreksel uit het geboorteregister van Bedum met de geboorte van oma Tjaaktje Martina op 10 maart 1887. Getuigen waren landbouwer Luurt Eisinga uit Bedum en veldwachter Paulus Martinus Wolff uit Zuidwolde, gemeente Bedum.

Tjaakje, Tjaaktje of Taakje is een van die typische oude 'Oost-Grunninger' voornamen, een uit het rijtje van merkwaardige en nergens anders voorkomende namen als Toatje, Ete, Petje, Biene, Tammo, Ontje, Barrelt, Gepke, Tjokje, Fiene, Tunnies, Tjoaben, Tebine, Sieje, Trienus, Doato, Erriet, Ake, Bene, Baals, Drewes, Bedde, Biefke, Sewes, Bront, Fiebo, Bronno, Etto en Dodde.

Van oma is behalve het geldkistje ook een horlogeketting bewaard gebleven die is gevlochten van haar eigen haar. Sieraden van mensenhaar waren in de 19de eeuw en begin 20ste eeuw erg in de mode en werden gedragen in alle lagen van de bevolking. Haarwerkjes kwamen voor in alle soorten en maten. Het haar werd bijvoorbeeld gebruikt in schilderijen van landschappen, voorstellingen met bloemen en planten, maar was ook de basis voor menige horlogeketting. De ketting met oma's haar is dan ook waarschijnlijk gedragen door mijn opa Jan Wolters.

De horlogeketting, gemaakt van oma Tjaakjes eigen haar. Om menselijk haar geschikt te maken voor verwerking moest het worden geprepareerd. Nadat het was gewassen, werd het gekookt in alcohol. Vervolgens werd het gedroogd en als het gevlochten moest worden kreeg het een heel fijn laagje paraffineolie zodat het ontvette haar weer soepel werd.

Afgeleid van Germaanse Diet

De betekenis van de naam Tjaakje bleek niet gemakkelijk te achterhalen. Speurtochten op internet leverden niets op. Het zijn dr. Doreen Gerritzen, als naamkundige verbonden aan het Meertens Instituut voor onderzoek en documentatie van de Nederlandse taal en cultuur, en de in voornamen gespecialiseerde journaliste en schrijfster drs. Emma van Nifterick, die mij in 2012 op het goede spoor zetten.

De naamkundigen Emma van Nifterick (links) en Doreen Gerritzen zetten mij op het goeie 'Tjaakjespoor'.

Volgens hen is Tjaakje afgeleid van het Germaanse Diet of Diede, wat volk betekent, en hoort de naam thuis in een rijtje van uiteenlopende varianten als Deddo, Djille, Take, Tekele, Tiese, Tjakko, Tsjesse en Tijdo (mannelijk) en Deddina, Dideke, Diltsje, Taetske, Teda, Tjadine, Tjitske en Tijtje (vrouwelijk). Het zijn verkortingen - in veel gevallen beïnvloed door de kindertaal (koosnamen) - van Germaanse namen met Diet, bijvoorbeeld Diederik en Dirk.

In zijn algemeenheid is het vaak lastig Friese (met 'Fries' wordt hier het taalgebied genoemd, dat zeker vroeger veel groter was dan het huidige Friesland) namen te interpreteren, omdat ze volgens Doreen Gerritzen sterk zijn vervormd, dus ver verwijderd zijn geraakt van hun etymologische oorsprong, iets wat zeker geldt voor Tjaakje.

Weiwerd?

Mijn in 1829 in Slochteren geboren betovergrootmoeder Tjaakje Landman was lang niet de eerste Tjaakje. Zij werd vernoemd naar haar grootmoeder Tjaaktje Freerks Vos, die in 1764 in Weiwerd werd geboren. En op haar beurt was zij weer vernoemd naar haar grootmoeder Tjake Wippes, die in 1716 eveneens in Weiwerd werd geboren.

Weiwerd? Nooit van gehoord. Het blijkt een ooit authentiek, maar inmiddels grotendeels afgebroken terpdorp te zijn bij Delfzijl dat in de tijd van mijn voorvaderen geregeld werd geteisterd door overstromingen en veeziekten.

Beeld uit de film 'Afbraak van dorp Weiwerd':
https://www.openbeelden.nl/media/62122/Afbraak_van_dorp_Weiwerd.nl

De recentste ramp die Weiwerd overkwam was dat het moest plaatsmaken voor de grote industriële uitbreiding van Delfzijl. Het dorp werd de laatste decennia omsingeld door petrochemische industrie. Anno 2012 ligt het spookdorp in een surrealistisch landschap, maar er wonen nog altijd mensen: een stuk of acht…Van de eens bloeiende gemeenschap is nagenoeg niets meer over; alles is zinloos gesloopt en weggevaagd. Er staan nog 4 gebouwen overeind. De kerk is verdwenen, de begraafplaats nog net gered van de dood en hersteld.

Maar de echte 'oertjaakje' is Tjake Willems, de oma van Tjake Wippes. Tjake Willems werd in 1668 geboren in Wagenborgen vlakbij Weiwerd en stierf in 1697 in Lalleweer, een buurtschap bij Delfzijl met (in 2010) 19 inwoners en 6 huizen.

Martinus Willem

Niet alleen de naam Tjaakje, ook mijn overgrootvaders naam Martinus kreeg stevige navolging. In de eerste plaats zijn eigen dochters: Martje Tjakelina en Tjaaktje Martina. Dan de kleinzonen: Gerhard Martinus Jansen, mijn vader Martinus Jannes Wolters, Martin Hondebrink, Jacob Martinus Zandt, Martinus Hendrik Groeneveld en Martinus Willem Groeneveld.

Vlnr Martje Groeneveld, Martin Hondebrink, Martinus Wolters, Martinus Hendrik Groeneveld, Martinus Willem Groeneveld, Martina Dijk en Martina Hannah Groeneveld.

Vervolgens een stel 'doorvernoemde' achterkleinkinderen: Alida Martha Jansen, Willemina Martina Jannet Wolters, Martinus Penninkhof, Martin Hondebrink, Jakob Martinus Bernardus Dijk en Martinus Willem Groeneveld. En tot slot zelfs 3 achterachterkleinkinderen: Martin Groeneveld, Martina Dijk (1988) en de in 2004 geboren Martina Hannah Groeneveld.

Hoofdstuk 12

Het raadsel Rheine

Wat moesten mijn grootouders Jan Wolters en Tjaakje Martina Groeneveld in Rheine? Daar, net over de grens bij Enschede, trouwden ze namelijk. Op 1 juli 1910. Op 15 april 1911, 9 maanden later, werd er hun eerste kind geboren: mijn tante Annie. Hoe kwamen ze in Rheine terecht? Mijn opa vanuit Terwolde en mijn oma vanuit het Groningse Woltersum. Wat deden ze daar? Ik had er nooit iemand over gehoord.

Deze foto van mijn opa en oma zie ik pas in 2010 voor het eerst. Gemaakt in Rheine door Joseph Wenning.

Ook anderen in de familie hadden geen idee. Wanneer mijn neef Teun Wispelweij aan zijn moeder Annie bijzonderheden vroeg over de periode in Rheine kwam er nooit een antwoord: 'Ze hield duidelijk de boot af en stapte over op een ander onderwerp. Waarom? Geen idee'. Ook hun vader Hans Wispelweij, net als Annie geboren in Rheine, vertelde er nooit iets over. En zijn jullie vanuit Almelo wel eens naar Rheine geweest, vroeg ik. Dat wel, maar eigenlijk alleen in het centrum. Van een bezoekje aan de wijk waarin hun ouders hadden gewoond, kunnen mijn neven zich niets herinneren.

En ook hun andere grootouders, Teunis en Berendien Wispelweij, in Rheine gewoond en getrouwd, spraken er nooit over. Ook niet met mijn oma Tjaakje, terwijl die toch een gemeenschappelijk verleden hadden en bovendien bevriend waren. Merkwaardig.

Duits trouwboekje

Later kwam ik erachter dat niet alleen mijn oma in Rheine was getrouwd, maar ook 2 zussen van haar. Ook met Nederlanders. Wat was dat voor enclave? Dat intrigeerde me. Ik wilde er alles van weten. Hoogste tijd dus voor een reis terug in de tijd.

Op naar raadsel Rheine. Zomer 2009. Een eeuw later! Het enige wat ik weet zijn de adressen waar ze hebben gewoond. Die staan namelijk in het Duitse trouwboekje dat ik in mijn bezit heb. Fabrikarbeiter Jan Wolters woonde aan de Siegfriedstrasse 1 in Eschendorf, een dorp vlakbij Rheine, en Fabrikarbeiterin Tjaakje Groeneveld aan de Rolandstrasse 5, eveneens in Eschendorf.

Familien-Stammbuch

für

die Familie des Jan Wolters

Zum Gebrauche bei Standesamts-Anzeigen
sowie
zu privaten Eintragungen aller Familien-Ereignisse
und zum Ausweise bei Behörden.

Bescheinigung der Eheschließung.

Reg.-Nr. 51

Zwischen dem Fabrikarbeiter Jan Wolters

Rheine, am 18. April 1911

Der Standesbeamte.

Die kirchliche Trauung ist vollzogen.

Der Pfarrer:

verstarb 11. Juni 1918 te Deventer

Der Kinder

Vornamen	Geburtstag Tag	Monat	Jahr	Eingetragen in das Geburtsregister der Gemeinde	Nr.	Tag der erfolgten Eintragung, sowie Unterschrift und Siegel des Standesbeamten
1. Anna Jaakolina	15.	April	1911	Eschendorf	152	Rheine den 18 April 1911 Der Standesbeamte.
Martinus Jannes	13.	Juli	1917	Deventer		
3.						
4.						

Het 'Familien Stammbuch' van mijn grootouders.

Er werd volop getrouwd in Rheine: 3 zussen Groeneveld vonden er hun (Nederlandse) man. Eerst Martha Groeneveld en Dirk Jansen in augustus 1907. Daarna, op 1 juli 1910, mijn oma Tjaakje Groeneveld met mijn opa Jan Wolters. En in dezelfde maand, op 22 juli 1910, Dina Groeneveld en Rikus Hondebrink. Tjaakje en Dina ook nog - met enkele aanpassinkjes - in dezelfde jurk!

Aangekomen in Eschendorf, rij ik eerst naar de Rolandstrasse. Die is er nog, maar op nr. 5 staan alleen grote nieuwbouwflats. Mis dus… Wanneer ik via een omweg bij de Siegfriedstrasse aankom, blijkt die een zijstraat van de Rolandstrasse te zijn. Ze hebben dus bij elkaar in de buurt gewoond! Ook het huis aan de Siegfriedstrasse 1 is verdwenen, maar in beide straten staan nog volop huizen die duidelijk uit de tijd rond 1900 stammen. Solide, keurige arbeiderswoningen. Zo hebben ze dus gewoond.

De Rolandstrasse in 2009. Halverwege links de Siegfriedstrasse. Foto rechts: de Siegfriedstrasse/hoek Rolandstrasse in de jaren 50. Opa Jan Wolters woonde links aan de andere kant van de straat op nummer 1 (niet zichtbaar op de foto). Dat huis bestaat niet meer en is vervangen door nieuwbouw.

Links de Rolandstrasse in de jaren 50. Oma Tjaakje Groeneveld woonde op nummer 5. Op deze plaats staan nu flats. Op de foto rechts de Rolandstrasse in dezelfde periode. Links (huisnummer 45, toen 5) het huis waar de Groenevelds met het hele gezin woonden.

Textielfabriek

In welke fabriek zouden ze hebben gewerkt? Het centrum van Rheine is uitgesloten, dat is te ver lopen… het moet dichterbij zijn. Op de weg naar Rheine zie ik aan de linkerkant van de weg een enorm bedrijventerrein met een stel oude gebouwen. Eerst rijd ik er voorbij. Maar ik bedenk me: terug, kijken... je weet het nooit. Ik loop er rond, maak foto's en heb de indruk dat het een oude staalfabriek is geweest. Als ik word aangesproken door een Duitser die daar werkt en mij vraagt wat ik daar in vredesnaam aan het doen ben, blijkt al snel dat het een voormalige textielfabriek is: weverij en spinnerij.

Een oudere collega die erbij wordt gehaald, weet te vertellen dat het een van de vele fabrieken van het textielgeslacht Kümpers is geweest, dat Rheine tot ‘Cottonniapolis van het Münsterland’ heeft gemaakt. En hij zorgt ook voor de bevestiging van mijn vage vermoeden dat mijn grootouders daar hebben gewerkt: mensen die in de wijk met de Rolandstrasse en de Siegfriedstrasse woonden, werkten namelijk allemaal bij Kümpers! Het spoor is gevonden; dankzij ‘toevalligheden’ die op mijn weg kwamen. Dit resultaat had ik nooit verwacht en ik merk dat ik nu nog veel meer wil weten over het ‘raadsel Rheine’.

Een deel van de voormalige fabriekshallen van Kümpers.

Hoofdstuk 13

Gastarbeiders zonder vetpot

Mijn overgrootouders waren dus eigenlijk gastarbeiders avant la lettre. Ze woonden in voor die tijd mooie, ruime arbeiderswoningen, bestemd voor grote gezinnen, met een stukje grond om aardappelen en groenten te verbouwen of kippen te houden en een eigen stal voor het varken of de geit. Tot aan de Tweede Wereldoorlog had 90 procent van de huizen de beschikking over een stal. Die stond meestal naast het 'toilet', zodat zowel de menselijke als de dierlijke mest gemakkelijk in de gierput kon verdwijnen en later over de tuin kon worden verspreid.

Hermann Kümpers (een zoon van grondlegger Carl Kümpers) had voor al zijn fabrieksarbeiders 'Siedlungshäuser' laten bouwen. Zo ontstond in 1905/1906 (toen naast de weverij ook een spinnerij werd gebouwd) Kümpersdorf, in de volksmond Kuba genoemd. De Alfredstrasse werd genoemd naar Alfred Kümpers (een broer van Hermann), de Roland- en de Siegfriedstrasse zijn ontleend aan Duitse sagen.

Kümpersdorf rond 1909, toen het gezin Groeneveld en Jan Wolters er woonden.

Het gezinsleven speelde zich in die tijd altijd in de woonkeuken af. Daar brandde de kachel en werd gekookt, gespeeld, gewassen en gepraat. De arbeiders kregen voor hun werk per dag betaald, op feestdagen en bij ziekte kwam er geen geld binnen. Ook waren er geen sociale verzekeringen, bij langdurige ziekte was er de armenkas.

De woningen in Kümpersdorf hadden allemaal een lapje grond achter het huis en een stal voor het varken.

Toen de huizen klaar waren, trokken er Oostpruisen, Polen, wat Italianen en lokale Duitsers in, maar vooral veel Nederlanders. Meer dan 40 procent kwam uit Nederland. Uit een 'Kontrollbuch' van de gemeente Rheine blijkt dat in de periode 1863-1919 meer dan 2000 Nederlanders stonden ingeschreven. De meesten van hen kwamen uit de regio's Zwolle en Utrecht. Dat die mix wel eens tot wrijvingen leidde is geen wonder. Toch verdroegen de verschillende nationaliteiten elkaar na enige tijd, aldus Peter Heckhuis, schrijver van het boek Die Textilindustrie der Stadt Rheine.

Peter Heckhuis, schrijver van Die Textilindustrie der Stadt Rheine.

Iedereen was ervan doordrongen dat de harde omstandigheden dwongen tot verdraagzaamheid. De plaatselijke boeren bleven echter gereserveerd en argwanend: een deel van hen verbood hun kinderen lid te worden van de in 1910 opgerichte voetbalvereniging Tubantia, waar veel 'allochtone' kinderen - met name Nederlandse - voetbalden. Uit dat 'Hollandse' Tubantia kwam later de VV Rheine voort. Ook was er een speciale vereniging voor Nederlanders: de 'Nederländische Vereeniging Eendracht'.

Middelpunt van de hele dorpsgemeenschap werd in 1906 het Konsumhaus, waar de dagelijkse levensmiddelen te koop waren en dat ook een caféruimte had. Hier konden de inwoners van Kümpersdorf goedkoop inkopen en hoefden ze niet dat hele eind naar het centrum van Rheine te overbruggen. Rolandstrasse 5, waar de Groenevelds woonden, was het tweede huis vanaf de Konsum.

Wie werkten bij Kümpers?

Wie van de Groenevelds werkten in de fabriek van Kümpers? Aannemelijk is dat het hele gezin Groeneveld vanuit het Groningse Woltersum naar Rheine is verkast. Op zoek naar werk dat in de provincie Groningen niet voor het oprapen lag. Was het boerengezin waarin overgrootvader Martinus Groeneveld als jongste van 12 kinderen werd geboren, rijk en welvarend, Martinus moet op een gegeven moment uit armoe gedwongen zijn z'n boeltje bij elkaar te pakken.

Geertje Groeneveld weet dat haar vader Willem Groeneveld (zoon van Martinus) vroeger vertelde dat het bepaald geen vetpot was in het gezin waarin hij opgroeide. Opa Jan Wolters is waarschijnlijk alleen of met vrienden vanuit Terwolde naar Rheine getrokken om daar gaan te werken.

Opa Jan en oma Tjaakje in Rheine. De foto's zijn gemaakt door Josef Wenning, Atelier für Moderne Photographie Münsterstrasse 26, Rheine.

We mogen ervan uitgaan dat in elk geval vader Martinus bij Kümpers werkte, evenals mijn oma Tjaakje en haar 3 jaar oudere zus Martha. Aannemelijk is dat moeder Tjaakje Groeneveld-Bouman huisvrouw was en dat de anderen nog te jong waren om in de fabriek te werken.

Twee foto's die opduiken uit een 100 jaar oud familiealbum. Het zijn mijn overgrootouders: Martinus Groeneveld en Tjaakje Bouman. De foto links is gemaakt in Rheine (bij fotostudio Joseph Wenning). De foto daarnaast dateert ogenschijnlijk uit dezelfde periode en is waarschijnlijk gemaakt achter hun huis. De krans duidt op een feestelijke gebeurtenis. Waarschijnlijk waren ze 25 jaar getrouwd: dat was op 24 mei 1908 en toen woonden ze in Kümpersdorf. Martinus was toen 48 en zijn vrouw Tjaakje 45 jaar.

Hoofdstuk 14

Een schatrijk familiealbum uit Rheine

Enkele maanden na het bezoek aan Rheine meldt mijn neef Teun Wispelweij dat er bij hem op zolder een album van zijn moeder (Annie, de zus van mijn vader) ligt met tientallen ansichtkaarten en foto's van de familie van rond de vorige eeuwwisseling. Heel bijzonder dus, temeer omdat pas in 1896 de eerste ansichtkaart werd 'uitgevonden'. Fotokaarten waren er al wel eerder; dat waren foto's die mensen elkaar als kaart toestuurden. Mijn neef heeft geen idee wie er op de foto's staan en weet niet welke waarde hij aan de verzameling moet toekennen. 'Het album ligt er maar. Al jaren en jaren. Wat moet ik ermee? Ik heb er wel eens over gedacht de ansichtkaarten te verkopen', vertelt hij.

Mijn nieuwsgierigheid is onmiddellijk gewekt en hij is zo genereus mij het complete album te schenken. Het blijken foto's, felicitatiekaarten en ansichtkaarten te zijn uit de periode Rheine. Kaarten die mijn opa en oma elkaar stuurden, kaarten die ze van familieleden kregen vanuit Terwolde, Enschede, Deventer, Bedum en Middelstum en een stuk of 10 foto's waarop vrijwel zeker familieleden staan, maar waarvan niemand een idee heeft wie ze zijn. Namen ontbreken, zeer waarschijnlijk zijn het Groenevelds. Enkele foto's zijn gemaakt bij Snelfotografie Davo van J.H. Rutgers in Deventer, andere door studio J.G. Kramer in Groningen en snelfotografie-atelier De Sport in Helpman bij Groningen. Een afbeelding komt van Fritz Fattiger in Rheine en een andere van een studio in Rotterdam. Op de andere afbeeldingen staat helemaal niets vermeld.

Boven een kaart (gedateerd januari 1908) van opa Jan Wolters vanuit Terwolde (waar hij op bezoek was bij zijn ouders) aan toen nog mej. T.M. Groeneveld; onder een kaart van september 1908 aan mijn opa van zijn aanstaande schoonouders M. Groeneveld en 'Egtgenoote' vanuit Rheine.

Wel komt dankzij alle kaarten met 100 procent zekerheid vast te staan dat opa Jan Wolters en oma Tjaakje in de fabriek van Kümpers werkten. Een aantal kaarten is namelijk geadresseerd aan de fabriek Walshagen zelf, waarbij blijkt dat oma in de spinnerij werkte. Verder wordt duidelijk dat ze in elk geval in mei 1905 al in Rheine waren. De oudste kaart uit het album dateert van 28 mei 1905, is gericht aan mijn oma 'Mej. T. Groeneveld p.a. den Heer M. Groeneveld Reine Osnabrückerstrasse No 9A Westvalen Duitschland' en is afkomstig van Willemina van Maar uit Bedum, een nichtje van oma.

Ook hebben mijn opa en oma al die jaren niet constant in de Siegfriedstrasse en Rolandstrasse gewoond. Geregeld werd van adres veranderd. Het gezin Groeneveld begon aan de Osnabrückerstrasse 9A, dan komt Kümpersdorf 380A in beeld en woont opa aan Kümpersdorf 391D. Vervolgens verhuizen de Groenevelds naar Rolandstrasse 5 en woont opa aan de Siegfriedstrasse 1. Na hun huwelijk in 1910 worden verscheidene kaarten aan het kersverse echtpaar geadresseerd aan Zollernstrasse 11, in de buurt van de Rolandstrasse waar de Groenevelds dan nog steeds wonen. In 1911 wordt er weer verhuisd: van Rolandstrasse 5 naar 22.

Oma stuurt op 7 september 1908 vanuit Rheine zelf een felicitatiekaart (hij wordt dan 24 jaar) aan mijn opa ('Aan den Heer J. Wolters fabriek Walshagen Rheine'). Op de voorkant heeft ze er met de pen bijgeschreven: 'u minnares M.G.'.

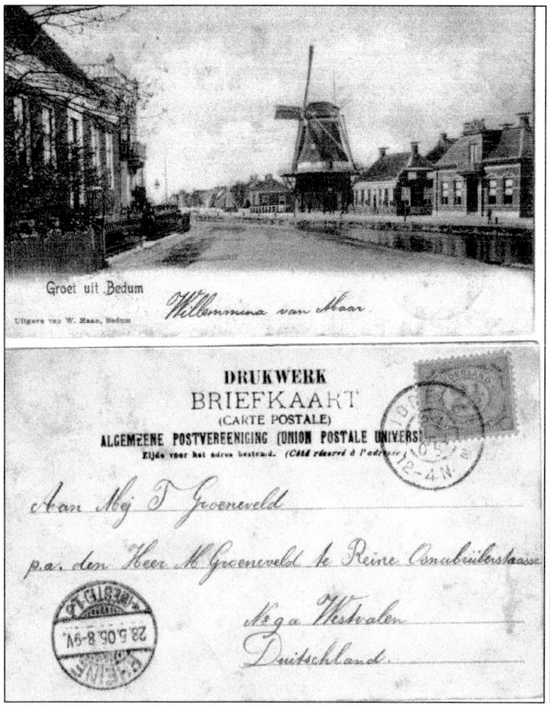

De oudste kaart (28 mei 1905) uit het familie-album: de kaart van oma's nichtje Willemina van Maar met 'Groet uit Bedum'. Rechts Willemina van Maar in de jaren 50. Willemina werd hoogbejaard: ze overleed op 28-11-1978 op 93jarige leeftijd.

Dat de Groenevelds gelovig zijn blijkt uit een groot aantal kaarten die met verjaardagen of rond de jaarwisseling werden verstuurd. Zowel Derk en Martha, Hillegonda, Willem en Hermina, maar vooral mijn overgrootouders Martinus en zijn vrouw verzonden kaarten aan mijn opa en oma met een religieuze inslag.

Er komt nog meer boven water: kaarten van oma's oudere zus Martha, waaruit blijkt dat zij toen al met Dirk Jansen was getrouwd, ook in de wijk Kümpersdorf woonde (en dus in de fabriek werkte) en een kind had: Gerard.

Ook wordt duidelijk dat er in die periode nog veel meer Groenevelds in Rheine woonden. In het album zitten kaarten van Dina Groeneveld, Johanna Groeneveld (gericht aan 'Lieve broer en zus'; raadselachtig… er is geen zuster Johanna bekend…) en ook van 'moe en Hermina' en van Willem en Hermina. Willem is natuurlijk de zoon, maar wie is Hermina? Zou het gezin soms groter zijn geweest dan de door mij veronderstelde 4 kinderen: Martha, Tjaakje, Hillegonda en Willem?

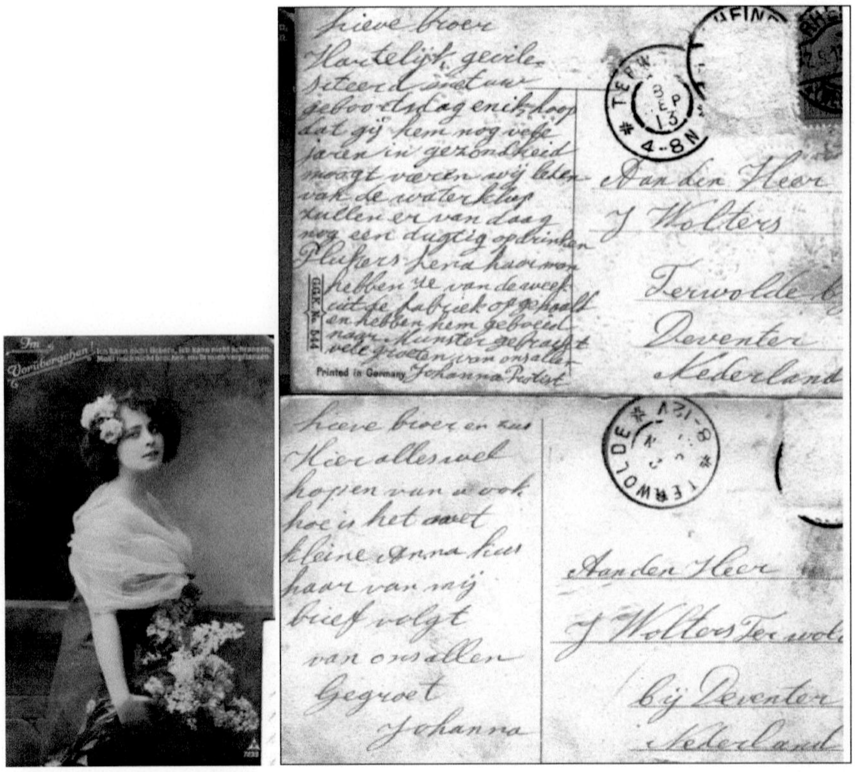

Raadselachtige kaarten in overduidelijk hetzelfde handschrift: de een is van Johanna Groeneveld, de ander van Johanna Protist. Of zou afzender Johanna Prosit (Proost) bedoelen als ze Protist schrijft? 'Lieve broer' en 'lieve broer en zus', zo wordt geschreven. Met deze vanuit Rheine verstuurde kaarten wordt opa Jan Wolters gefeliciteerd met zijn 29ste verjaardag die hij op dat moment blijkbaar bij zijn ouders in Terwolde viert: 'Wij leden van de waterklup zullen er vandaag nog een dugtig op drinken', belooft Johanna. Ook wordt gevraagd hoe het met de kleine Anna is: 'Kus haar van mij'. En ze besluit met een verhaal over gebeurtenissen in Rheine: 'Plukers Lena haar man hebben ze van de week uit de fabriek opgehaald en hebben hem geboeid naar Munster gebracht'.

De veronderstelling dat het gezin van mijn overgrootvader groter was dan ik eerst dacht, blijkt later juist te zijn. Door bemiddeling van Chris Groeneveld, bestuurslid van de Naamsvereniging Groeneveld die zich bezighoudt met alle genealogische aspecten van de naam Groeneveld, kom ik aan de weet dat er in totaal liefst 7 kinderen zijn: Martje Tjakelina (Bedum 15-11-1884), oma Tjaaktje Martina (Bedum 10-3-1887), Diewerdiena Klaassiena (Ten Boer 1-12-1889), Jantje Alberdina (Ten Boer 23-12-1892), Reinje Hillegonda (Ten Boer 17-1-1896), Willem Jan (Ten Boer 21-8-1898) en Bernhardine Hermine Friederike (28-5-1902). En wat blijkt verder: Bernhardine Hermine Friederike, is geboren in Rheine. Dat moet Hermina zijn. Dus in 1902 woonden ze al in Rheine.

Hermina Groeneveld, het jongste kind, werd in Rheine geboren, in 1902. Hermina kreeg later een kind van een onbekende vader. Het gaat om Martinus Willem, geboren op 18 december 1933, die vrijwel direct, op 11 januari 1934, werd erkend als Groeneveld. Hier is een afzonderlijk hoofdstuk aan gewijd.

En zou Diewerdiena Klaassiena dan Dina zijn? In dat geval hebben we alleen het raadsel Johanna nog niet opgelost; of zou Jantje Alberdina zich Johanna noemen?

Henk Groeneveld, de jongste zoon van oma's broer Willem Groeneveld, weet nog dat er een tante Johanna was die verpleegster was in Utrecht. Verder kan hij zich alleen herinneren dat er vroeger door zijn ouders werd gezegd dat deze tante geen contact wilde met de rest van de familie. De naam tante Dina associeert hij met de plaats Almelo en dat klopt waarschijnlijk want vanuit die plaats zijn ansichtkaarten aan mijn opa en oma verstuurd door Dina Groeneveld. Eindelijk is mij duidelijk hoe het gezin was samengesteld.

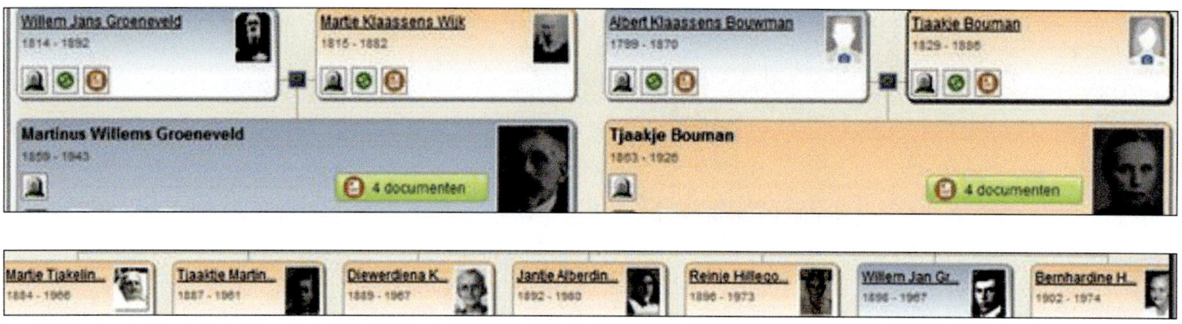

Hoofdstuk 15

Verbonden met 'ons fabriek'

De vraag waarom mijn voorouders en met hen een groot aantal andere Nederlanders naar Rheine trokken en niet werk zochten in de textielindustrie in Enschede of Hengelo, blijft aanvankelijk onbeantwoord. Maar de Duitse geschiedschrijver Peter Heckhuis helpt me een eind verder. Heckhuis – zelf van Nederlandse komaf – verzekert me dat geld zeker niet de belangrijkste drijfveer was om in Rheine te gaan werken. Peters overgrootvader (geboren 1862) zei altijd: "De Härns behandelt us hier wie Menschken' ofwel 'de heren behandelen ons hier als mensen'.

Veel arbeiders beschouwden de fabriek van Kümpers dan ook als 'ons fabriek' en spraken over 'mijn spinmachine'. Ze voelden zich met het bedrijf verbonden; sommigen bleven de firma generaties trouw. Dat was in Twente eerst ook zo, maar dat veranderde snel: in 1888 werd daar voor het eerst gestaakt. Om een staking te laten stoppen gebruikten de fabrieksbazen het middel 'uitsluiting'. Dit betekende dat bij stakingen de arbeiders nergens meer aan het werk mochten; alle fabrieken gingen dicht tot de staking was gebroken. 'Een oorlogsverklaring aan de arbeider', noemden de socialisten die afspraak.

'Ons fabriek': de Walshagenfabriek van Kümpers bij Rheine met spinnerij en weverij, gebouwd tussen 1905 en 1907.

Maar de sociale omstandigheden en de lonen van de arbeiders in de Twentse fabrieken waren dermate slecht dat er ondanks de uitsluiting rond 1900 toch grote stakingen werden georganiseerd. Tot aan de Eerste Wereldoorlog was er bijna elke 2 of 3 jaar wel een staking. Alle arbeidersorganisaties vormden voor het eerst een eenheidsfront. Tijdens de Eerste Wereldoorlog ging het bijzonder slecht met de textiel. Het merendeel van de arbeiders was in het voorjaar van 1918 werkloos.

Wie protesteerde werd zonder pardon op straat gezet. 'Voor jou 10 anderen', was een geliefde uitspraak. Bij het minste geringste - iets te laat komen, grote mond - stelden de bazen een boete vast die van het loon werd afgetrokken. De mannen werden vaak vernederd, de vrouwen onzedelijk betast en kinderen mishandeld. De kinderen moesten snel wennen aan de strenge discipline in de fabriek, dus regeerden de bazen in de kinderwerkplaatsen met harde hand.

Veel arbeiders kozen in die periode dan ook voor de Duitse textielfabrieken net over de grens, in Rheine en Gronau. Daar waren de omstandigheden beter en de lonen hoger. En in het geval van mijn grootouders was er ook nog sprake van een voor die tijd bijzonder mooie, ruime, nieuwe woning in Kümpersdorf.

Meesterwerk

Kümpers was een gigant in Rheine, te vergelijken met Twentse textielbaronnen als Ten Cate en Van Heek. De Britse textielfabriekarchitect Sidney Stott ontwierp 128 textielpanden, waarvan 11 in het Münsterland en 6 in Twente. Met de nadruk op Rheine. Alleen al voor die plaats tekende hij er 8, de meeste voor Kümpers. Daarvan staan er 4 nog steeds als industrieel erfgoed overeind. Als zijn meesterwerk geldt de tussen 1905 en 1907 gebouwde en 64.000 spinspoelen tellende Walshagenspinnerij van C. Kümpers & Söhne in Rheine, waar mijn opa en oma als 'gastarbeiders' werkten, samen met bijna 700 anderen.

Bijzonderheid: brand in een spinnerij was schering en inslag in de textielwereld van de 19de en begin 20ste eeuw. Het binnenwerk van de bedrijven bestond vrijwel geheel uit hout, evenals de spinklossen. Het vervaardigen van de draden uit de ruwe katoen bracht bovendien veel stofontwikkeling met zich mee, wat het risico alleen nog maar verhoogde. Een optelsommetje leert dat in die tijd een derde van alle textielfabrieken in Twente en het aangrenzende Westmünsterland in vlammen opging.

Stokdoof

Vaststaat dat in de textielfabrieken naast stofontwikkeling ook sprake was van erg vochtige en hete lucht. Dat kwam door de stoommachines die de spin- en weefmachines aandreven en door het inblazen van gloeiendhete stoom tegen het breken van de draden. Dit alles gecombineerd met lange werktijden (60 tot 70 uur in een 6-daagse werkweek was normaal) en een vaak oorverdovend lawaai door de kletterende getouwen maakte het werken in de textielindustrie tot een onmiskenbaar zwaar beroep. Een derde van de arbeiders kon niet met iemand anders in de fabriek spreken en was gedwongen zich te bedienen van gebarentaal. Veel wevers werden stokdoof van de herrie.

Presentator Hans Goedkoop van het tv-programma De IJzeren Eeuw kroop in 2015 in de huid van een textielarbeider. In een afgesloten ruimte werd een temperatuur van 30 graden Celsius, een luchtvochtigheid van 80 procent en een geluidsniveau van ruim 100 decibel nagebootst. Al na een uur werd Goedkoop uit zijn lijden verlost en 'bevrijd'. Hij was kapot…

Hoe hard je moest werken, werd bepaald door de snelheid van de machines. Die draaiden zo hard dat de spoelen vaker moesten worden gewisseld. Daarbij kregen de arbeiders veel stof naar binnen, de 'kiss of death'. De machines waren bovendien levensgevaarlijk: wie er met de haren in terecht kwam was ten dode opgeschreven, of zwaar verminkt. Ook gebeurden veel ongelukken door oneffen, vette vloeren en onbeschermde drijfriemen en spoelen.

Maar het was nog altijd beter dan de werkomstandigheden in de periode daarvoor. Toen de stoommachine rond 1830 zijn intrede deed en de eerste fabrieken uit de grond werden gestampt, waren werkdagen van 15 uur normaal. En ging je nog verder terug, de tijd dat de wevers op de boerderijen werkten, werd er wel 18 uur per dag gewerkt: van 's nachts 4 uur tot 's avonds 10. Geen wonder dat de boerenwevers allemaal organische kwetsuren kregen omdat ze voortdurend voorovergebogen zaten. Plus versleten knieën omdat ze aan een stuk door de trappers moesten bedienen. Vaak konden ze nauwelijks nog lopen.

De textielarbeiders waren doorgaans laaggeschoold en kwamen vrijwel allemaal van het platteland. De meeste kinderen gingen direct na de lagere school de fabriek in. Jongens kwamen met 14 jaar van school en begonnen als leerling-spinner, leerling-wever of als loopjongen. Op de avondtextielschool konden ze verder leren om hogerop te komen. Ook meisjes en vrouwen werkten in de textielfabriek. In 1908 en 1909 was meer dan 30 procent van de fabrieksarbeiders vrouw. Ze waren vaak strijkster of spoelster.

Textielarbeiderstreinen

Reizen vanuit en naar Nederland voor familiebezoek deden de textielarbeiders en hun gezinnen meestal met de trein. Daarvan getuigen ook de ansichtkaarten die mijn opa aan familie in Terwolde verstuurde en omgekeerd, met mededelingen over hoe laat ze ergens zouden aankomen of hoeveel vertraging ze onderweg hadden gehad.

Er waren ook speciale textielarbeiderstreinen, met name voor Twentenaren die in de Duitse fabrieken werkten. Het gebruikte materieel was doorgaans het oudste en simpelste dat nog bestond. Museum Buurt Spoorweg in Haaksbergen heeft nog een speciale textielarbeiderswagon in zijn collectie, waarmee de arbeiders naar Gronau werden gebracht. In totaal waren er zes rijtuigen voor het vervoer van textielarbeiders van en naar de fabrieken in Gronau en Oldenzaal. Alleen dit exemplaar is bewaard gebleven en gerestaureerd.

Deze gerestaureerde textielwerkliedenwagon is het enige rijtuig dat bewaard is gebleven. Tegenwoordig wordt het rijtuig ingezet in de historische trein van Museum Buurt Spoorweg in Haaksbergen.

Hoofdstuk 16

Waarom weg uit Rheine?

Waarom en wanneer zijn mijn grootouders en overgrootouders uit Rheine vertrokken? Mogelijk heeft de dreiging van de Eerste Wereldoorlog (1914-1918) een rol gespeeld bij de terugkeer naar Nederland, maar dat is zeer onwaarschijnlijk. Wie zag de Eerste Wereldoorlog aankomen? Waarschijnlijk liggen er meer voor de hand liggende redenen aan ten grondslag. Wat te denken van problemen op het werk, heimwee, ruzie met de rest van de familie of simpelweg de behoefte aan iets anders, ander werk, een andere woonomgeving.

Beelden uit de periode Rheine. Links mijn overgrootmoeder Tjaakje Groeneveld-Bouman, waarschijnlijk in gezelschap van haar 3 jongste kinderen Willem, Hermina en Hillegonda. Moeder en oma tegelijk want de baby is vermoedelijk haar eerste kleinkind: Gerard Jansen, het eerste kind van oudste dochter Martha Groeneveld en Dirk Jansen. Gerard werd geboren in juni 1908 in Rheine. Dat zou betekenen dat de foto in de loop van 1908 is gemaakt en toen was Hermina (links) 6, Willem 10 en Hillegonda (rechts) 12 jaar. Dat lijkt goed te kloppen met de leeftijden op de foto.

De foto rechts moet uit dezelfde periode stammen want zoon Willem is even oud als op de foto links en heeft dezelfde kleren aan. Naast Willem overgrootvader Martinus Groeneveld met imposante waterpijp. Waarschijnlijk is de foto op dezelfde dag en bij dezelfde gelegenheid gemaakt gezien de achtergrond, dus in de loop van 1908.

Geschiedschrijver Peter Heckhuis beklemtoont dat heel veel Nederlanders (onder wie zijn voorouders) ook tijdens de oorlog en daarna gewoon in Rheine zijn gebleven. In 1954 woonden er in Rheine nog steeds meer dan 1000 Nederlandse staatsburgers. Heckhuis veronderstelt dan ook een andere reden voor vertrek: 'In 1910 – onder de dreiging van een mogelijke oorlog – moesten mensen kiezen voor de Nederlandse of Duitse nationaliteit. Voor die tijd was dat geen enkel probleem geweest. Soms kreeg in één gezin het ene kind de Nederlandse en het andere kind de Duitse nationaliteit. Ten gevolge hiervan en ook door de teruglopende werkgelegenheid in de industrie besloten veel mensen na 1910 terug te keren.'

Irritatie

Uit een tijdpad dat ik heb opgesteld aan de hand van alle kaarten uit de periode Rheine blijkt dat mijn opa en oma eind december 1912 nog in Rheine woonden. Vanaf mei 1913 werden alle kaarten van familieleden in Rheine echter naar Terwolde gestuurd, waar de ouders van opa woonden. Dat ging door tot 28 april 1914, meldt de meest recente kaart uit het album. De rest van de familie woonde toen nog steeds in Rheine want de kaarten zijn afkomstig van Hillegonda, Hermina, 'pa en moe', Johanna, Derk en Martha.

We mogen dus aannemen dat mijn opa en oma begin 1913 naar Terwolde zijn vertrokken en daar bij mijn overgrootouders hebben ingewoond. Dat riep al snel wat irritatie op bij de 'achtergeblevenen', zo blijkt uit een kaart van 30 januari 1914 van 'Moe' Groeneveld. 'Lieve kinder', schrijft ze, 'Alle dagen als ze te huis komen vragen ze nog geen brief van Jan en Marie. Ik zeg dan maar zij zullen haar winterslaap wel doen, maar het wordt nu wel eens tijt dat ge ontwaakt. Hoe gaat het nu met Anna. Is ze weer beter. Vandaag trouwd B. Wispelwij. Nieuws heeft M u al geschreven. Schrijf nu spoedig. Van allen gegroet'.

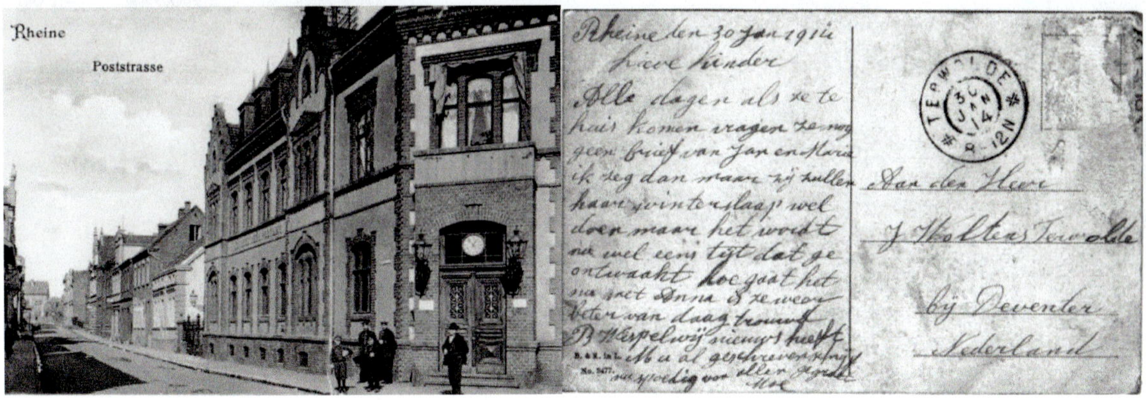

De Poststrasse in het centrum van Rheine rond 1900, de tijd dat mijn overgrootouders en grootouders er woonden. In de tekst op de achterkant laat 'moe' Groeneveld doorschemeren geïrriteerd te zijn door het feit dat mijn opa en oma in Terwolde niks van zich laten horen.

Toen in 1915, een jaar na het uitbreken van de Eerste Wereldoorlog, veel fabrieken moesten sluiten en de grens werd afgesloten, werden veel arbeiders werkloos. Sommigen vonden werk in Enschede. Na afloop van de oorlog keerden veel arbeiders uit Twente terug naar de Duitse fabrieken. Maar er waren ook veel Nederlandse textielarbeiders die – in tegenstelling tot mijn voorouders – in Rheine bleven wonen en werken.

Nog steeds vind je veel oorspronkelijke Nederlanders in het stadsdeel Schotthock, waartoe Eschendorf behoort. Tot in de 60er jaren was er een Nederlandse vereniging, hoor ik van Peter Heckhuis. En hoe sterk Nederlanders vertegenwoordigd waren blijkt ook uit een 'Schulkronik' uit 1906 waarin staat dat 31 scholieren geen Duits konden spreken. Het omgekeerde deed zich ook voor: oma's jongere zus Hillegonda kon tot op latere leeftijd nog steeds niet goed Nederlands schrijven. Ze had het niet geleerd op de lagere school in Rheine. En ook het spreken van het Nederlands is nooit optimaal geworden. Duits daarentegen kon ze wel goed spreken en schrijven. Terug in Nederland ging ze nog geregeld met haar man even naar Rheine als ze op doorreis waren naar een vakantiebestemming.

En waar zijn mijn voorouders naar toe gegaan? Vast staat dat overgrootvader Martinus Groeneveld is teruggekeerd naar Woltersum, samen met zijn vrouw Tjaakje Bouman. Oma Tjaakje, opa Jan en dochtertje Annie kwamen na hun tijdelijk verblijf in Terwolde in Deventer terecht. Ook Martha en Derk vestigden zich later in Deventer: op 3 mei 1916. Willem ging eerst met zijn ouders mee terug naar Woltersum, maar koos in januari 1921 ook voor Deventer. In 1919 woonde Willem nog in Woltersum, want in het boek Woltersum van de Werkgroep Boek Woltersum zien we hem staan op een foto van het eerste elftal van de VV Woltersum. Hillegonda kwam terecht in Delfzijl, Dina ging naar Almelo, Johanna naar Utrecht en Hermine met haar ouders terug naar Woltersum.

Uit het boek Woltersum: een foto van het eerste elftal van de toen kersverse voetbalvereniging Woltersum met in het midden van de middelste rij Willem Groeneveld. Linksboven met hoedje grensrechter H.O. Roelfsema. De foto dateert uit 1919, Willem is dan 21 jaar. Daarna zal hij zijn geluk in Deventer zoeken.

Hoofdstuk 17

'Kus des doods' voor opa Jan Wolters

En toen was er plotseling de dood. Een paar weken na de eerste ziekteverschijnselen overleed opa Jan Wolters. Pas 33 jaar. Op 11 juni 1918, 's middags om een uur. Nog geen 4 jaar nadat mijn grootouders waren teruggekomen uit Rheine. Op dat moment stond de tijd stil voor mijn oma Tjaakje Wolters-Groeneveld en haar twee jonge kinderen. Weduwe op haar 31ste. Mijn vader was nog geen jaar oud en zijn zus Annie was net 7 geworden.

In het familiearchief zit een bijzondere foto die is gemaakt toen opa net was overleden: dochtertje Annie in rouwkleding. Ook is een bescheiden overlijdensadvertentie uit het Deventer Dagblad bewaard gebleven, waarin oma melding maakt van het overlijden van haar 'dierbare Echtgenoot en Vader J. Wolters, in den ouderdom van 33 jaar, mij nalatende twee kinderen, te jong om dit zware verlies te beseffen'.

Opa Jan Wolters. De foto is gemaakt in Rheine.

Oma bleef achter zonder inkomen. Armoede dus. Mijn neef Tako Wispelweij weet zich nog te herinneren dat zijn moeder Annie zich jaren later nog steeds kwaad kon maken over de houding van de kerk in de periode na de dood van opa Wolters. Oma moest steun vragen en deed dit bij de kerk, waarschijnlijk de Lutherse want zowel oma als haar zus Martha waren bij deze kerk aangesloten. Annie vertelde dat het gezin enkele keren tijdens het eten bezoek kreeg van heren in zwart pak van de diaconie; die kwamen controleren wat ze aten. Om te kijken of het wel sober genoeg was. Een belangrijke voorwaarde voor hulpverlening was namelijk dat wat er op tafel kwam, wel heel karig moest zijn. Anders kwamen ze niet voor steun in aanmerking.

De twee kinderen die vaderloos achterbleven na het overlijden van Jan Wolters in 1918. Links de 7jarige Annie in rouwkleding en rechts mijn vader Martin.

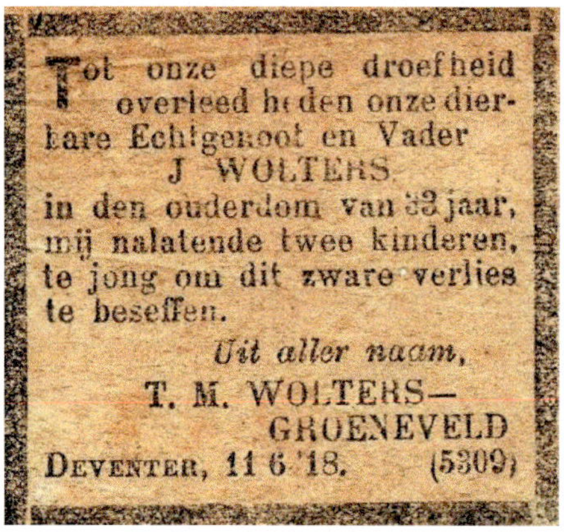

Tot onze diepe droefheid overleed heden onze dierbare Echtgenoot en Vader

J WOLTERS

in den ouderdom van 33 jaar, mij nalatende twee kinderen, te jong om dit zware verlies te beseffen.

Uit aller naam,

T. M. WOLTERS—GROENEVELD

DEVENTER, 11 6 '18. (5309)

De overlijdensadvertentie in het Deventer Dagblad.

Foto uit 1918: moeder en dochter na de dood van echtgenoot en vader Jan Wolters. De foto is gemaakt door de Groningse fotograaf Steenmeijer toen de twee op bezoek waren bij oma's zus Hillegonda in Delfzijl.

Het enige wat ik als kind wel eens van mijn moeder heb opgevangen over de doodsoorzaak was: natte pleuris, ofwel pleuritus, ontsteking van het longvlies. Zou zijn vroege dood nog te maken kunnen hebben met de slechte werkomstandigheden in de textielindustrie in Rheine, waar hij jaren werkte? Het vervaardigen van de draden uit de ruwe katoen zorgde namelijk voor enorm veel stofontwikkeling. Bovendien was de lucht altijd vochtig en heet. Dat kwam door de stoommachines die de spin- en weefmachines aandreven en door het inblazen van gloeiendhete stoom tegen het breken van de draden. Daardoor kregen de arbeiders voortdurend veel stof naar binnen: de ‘kus des doods’, zo werd er over gesproken.

Vliegende tering

Het typische beeld van pleuritis is een stekende pijn die verergert bij het ademhalen en bij hoesten. Meestal ademt de patiënt snel en oppervlakkig. Pleuritis werd ook wel gebruikt als eufemisme voor tuberculose, tering in de volksmond, een toentertijd vaak fataal verlopende, nauwelijks behandelbare ziekte. Bij snel verlopende gevallen sprak men van 'vliegende tering'.

En die term hoor ik tot mijn verbazing in 2010 uit de mond van Hannie Huiskamp, de vrouw van mijn vaders neef Tiemen Huiskamp. Zij weet nog dat haar schoonmoeder Anna Huiskamp-Wolters, de enige zus van mijn opa, vroeger vertelde dat haar oudste broer aan de vliegende tering was gestorven. De combinatie van deze uitlating met die van mijn moeder lijkt mij - bijna een eeuw later - de meest betrouwbare verklaring voor de doodsoorzaak.

In 2013 volgt een nieuwe bevestiging dat het om tbc ging. In de nalatenschap van Bernard Dijk, de schoonzoon van oma’s zus Hillegonda Groeneveld, wordt een briefje aangetroffen met daarop de aantekening dat Jan Wolters ‘al heel jong is gestorven aan tbc’. Bernard Dijk heeft zich in een ver verleden jarenlang beziggehouden met onderzoek naar het familieverleden. Dat resulteerde in een uitgebreide collectie foto’s, stamboomgegevens en aantekeningen. In de notitie staat ook dat Jan Wolters stierf ‘toen hun zoontje nog geen jaar oud was’. Mijn vader dus.

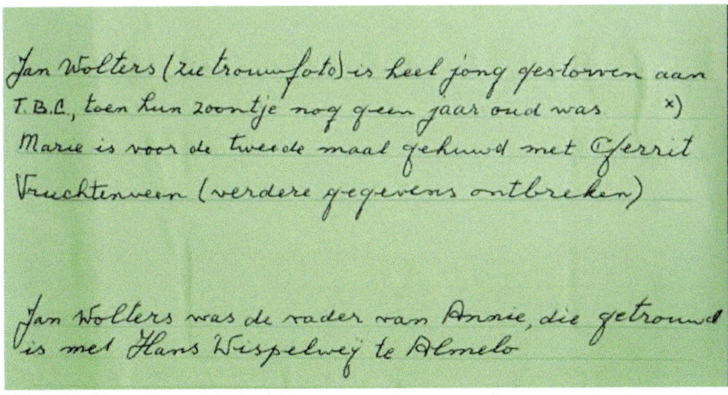
Jan Wolters (zie trouwfoto) is heel jong gestorven aan
T.B.C., toen hun zoontje nog geen jaar oud was x)
Marie is voor de tweede maal gehuwd met Gerrit
Vruchtenveen (verdere gegevens ontbreken)

Jan Wolters was de vader van Annie, die getrouwd
is met Hans Wispelwey te Almelo

De aantekeningen van Bernard Dijk (rechts) over de ziekte van Jan Wolters.

Sterven en troost

Uit de archieven van mijn neef Tako Wispelweij duikt in 2015 een gedichtenboekje op van oma Tjaakje, waaruit ze ongetwijfeld troost heeft gehaald in moeilijke tijden. Er staat geen datum op, maar het stamt uit de tijd in Rheine: Conto-Buch für Tjaakje Martina Groeneveld staat op de omslag. Het bevat een gedicht over sterven, troost en het geloof in God: *'Drie dingen bezwaren mijn gemoed, het eerste is dat ik sterven moet. Het tweede nog veel meer, dat ik niet weet wanneer. Het derde bovenal, dat ik niet weet waar ik komen zal'.*

Het is een bekend gedichtje dat vaak werd en wordt gebruikt in een preek, of vermeld op een tegeltje of in een borduurwerkje. Ook wordt het vaak geciteerd in tijden van rouw. De herkomst van het versje is niet duidelijk, maar het dateert zeker al van voor 1600. De gereformeerde vaderen schrijven het toe aan de roomse traditie, waarin het vooral in verband wordt gebracht met de vraag of men in het vagevuur zal terechtkomen.

Vier jaar na de dood van haar man, in 1922, trouwde mijn oma met Gerrit Vrugteveen, een veertien jaar oudere metaalslijper die aanvankelijk 'kostganger' was bij haar, zoals dat toen heette. Waarschijnlijk was dat kostgangerschap een welkome aanvulling op haar armetierige weduwenpensioentje. Later is die zakelijke relatie dus omgezet in een persoonlijke.

Hoofdstuk 18

Blaffen als een Hondebrink

Was het bedoeld als straf? Was het pesterij om zijn achternaam? Niemand die het weet. In elk geval werd Rikus Hondebrink gedwongen bij de ingang van kamp Neuengamme voor hond te spelen. Hij kreeg dag en nacht een riem om zijn nek en moest overnachten in het hondenhok bij de poort, waarop stond 'Hamburger Neuengamme'. Wat was zijn opdracht? Blaffen als er een Duitse militair of bewaker door de poort kwam: één keer blaffen bij een laaggeplaatste en meerdere keren bij een hoge officier. Hoe lang die kwelling heeft geduurd en hoe vaak het gebeurde is niet bekend.

Het is vrijwel het enige verhaal dat in de familie circuleert over Hendrikus Hondebrink, de man van Dina Groeneveld, een zus van mijn oma Tjaakje Groeneveld. De twee trouwden in 1910 in Rheine. Hondebrink woonde in Eschendorf vlakbij Rheine en was wever in de textielfabriek van Kümpers, waar ook mijn overgrootvader Martinus Groeneveld en enkele dochters van hem werkten. Daar leerden ze elkaar kennen, net als mijn opa Jan Wolters en oma Tjaaktje Groeneveld. Daarna ging het gezin in Hendrikus' geboortestad Almelo wonen. 'Lappen Hendrik' werd hij in Almelo genoemd, omdat hij in de textielindustrie werkte.

De trouwfoto van Dina Groeneveld en Rikus Hondebrink, juli 1910 in Rheine, gemaakt door fotostudio Jos. Wenning.

Henk Hondebrink zat in het communistische verzet want de Nederlanders die al in 1942 in Neuengamme overleden waren voornamelijk communisten. Die waren allemaal na de Duitse inval in Rusland in juni 1941 gearresteerd en vervolgens via kamp Amersfoort naar Neuengamme getransporteerd. Ook in het boek De Illegalen van Coen Hilbrink wordt in een voetnoot melding gemaakt van het overlijden van 'de communist Henk Hondebrink'.

Zo moet het Henk Hondebrink en ook zijn zoon Martin zijn vergaan. Communisten werden fel vervolgd. De CPN was in feite de eerste verzetsorganisatie van Nederland. De activiteiten richtten zich behalve op het verspreiden van kranten en pamfletten vooral op sabotage.

Hendrikus Hondebrink met zijn twee oudste kinderen: links Gerritdina en rechts Martin. Deze fotokaart is in 1918 verstuurd door Dina Hondebrink-Groeneveld aan haar man die in de Eerste Wereldoorlog was gemobiliseerd. 'Lieve man, al uw kaarten in gezondheid ontvangen en hoopen van u hetzelfde nog eens te hooren. Schrijf nog eens terug. Zijt gegroet van u liefh. Vrouw – kinderen.'

Wat de beide Hondebrinks precies hebben gedaan in de oorlog is niet bekend, maar duidelijk is wel dat Martin op 25 juni 1941 in zijn woonplaats Almelo werd opgepakt en via kamp Amersfoort op 13 december 1941 in Neuengamme werd afgeleverd. Ook in de familie is weinig of niets bekend over hun verzetsverleden. De enige die er wel iets van weet blijkt Henk Penninkhof te zijn. Als oudste kleinkind weet hij nog dat er bij opa Henk Hondebrink en 'opoe' Dina Groeneveld een portret van Stalin aan de wand hing dat er absoluut niet af mocht. De reis naar Rusland die Dina (waarschijnlijk met de communistische vrouwenbeweging) al voor de oorlog maakte, herinnert Henk zich nog. 'Volgens mij deed ze iets op niveau in de communistische beweging. Na de oorlog is dat volgens mij allemaal verwaterd, maar in de oorlog was het een keiharde communiste. Samen met mijn opa streden ze voor hun idealen waarin ze onvoorwaardelijk geloofden'.

Ook uit bewaard gebleven aantekeningen van Bernardus Dijk, de schoonzoon van Dina's zus Hillegonda Groeneveld, blijkt dat Dina een overtuigd communiste was en lezingen hield. Hij heeft bovendien genoteerd – waarschijnlijk na familieleden te hebben gesproken – dat zoon Martin nog zou hebben geprobeerd zijn vader vrij te krijgen, maar toen ook zelf is opgepakt.

Sadisme in Neuengamme

'Vernietiging door arbeid' was het motto in Neuengamme. De gevangenen stonden de hele dag van 's ochtends 7 tot 's avonds 7 uur in een hoog tempo tankwallen te graven, vaak tot hun knieën in ijskoud water. Wie niet snel genoeg was, kreeg een knuppel in zijn nek. De barakken waren overvol, sanitaire voorzieningen waren ontoereikend en enige privacy was er niet. 's Nachts lagen ze naakt op andere naakte gevangenen om warm te blijven. Het was overleven, ieder voor zich en ten koste van alles.

Sadisme had in Neuengamme vrij spel. Het kamp stond bekend om zijn uiterst wrede SSers. Een van hen was Obersturmführer en Schutzhaft-lagerführer Anton Thumann, die daarvoor in vernietigingskamp Majdanek in Polen de hand had gehad in het vermoorden van 13.000 joden uit Lublin, door de SS cynisch het 'oogstfeest' genoemd. Hij hield er de naam De Beul van Lublin aan over.

Anton Thumann met zijn herdershond. Rechts Thumann in Britse hechtenis (foto US National Archives). In 1946 werd hij ter dood veroordeeld en opgehangen.

Elke keer als Thumann, volgens de gevangenen een lange, slanke, knappe man die altijd goed gekleed was en handschoenen droeg, met zijn onafscheidelijke Duitse herdershond Boris in het kamp verscheen, probeerden alle gevangenen in panische angst uit zijn buurt te blijven. Het is nooit gebeurd dat Thumann het kamp verliet zonder een gevangene afgeranseld of gedood te hebben of zonder dat zijn hond een gevangene had gebeten.

Neuengamme bezat geen gaskamers, maar desondanks stierven er 55.000 mensen door ziektes als tyfus en longontsteking of door uitputting en honger. Het totale aantal Nederlanders dat in Neuengamme heeft gezeten wordt geschat op 6950. Onder hen honderden vroeg in de oorlog gearresteerde communisten, anti-Duitse politiemensen en ook de 661 mannen van de vergeldingsrazzia van Putten. Volgens de dodenboeken kwamen minimaal 3500 Nederlanders in Neuengamme om. Het aantal omgekomenen ligt ongetwijfeld hoger. Zeker is dat 613 Nederlanders het kamp hebben overleefd.

Injectie in hart

Henk Hondebrink kan het niet navertellen. De SS voerde selecties uit onder de zieken, waarbij werkonbekwamen werden uitgezocht voor medische proeven en later werden gedood door een benzine-injectie in het hart. Dat lot trof ook Hondebrink. Op 19 juni 1942 kwam op 53jarige leeftijd een eind aan zijn leven. Nabestaanden kregen een standaard overlijdensbericht, dat al vooraf was klaargemaakt. Meestal werd *Lungenentzündung of Versagen von Herz und Kreislauf bei chron. Magen und Darmkatarrh* als gefingeerde doodsoorzaak opgegeven. In het geval van Henk Hondebrink: *'Versagen von Herz und Kreislauf bei Magen- und Darmkatarrh'*.

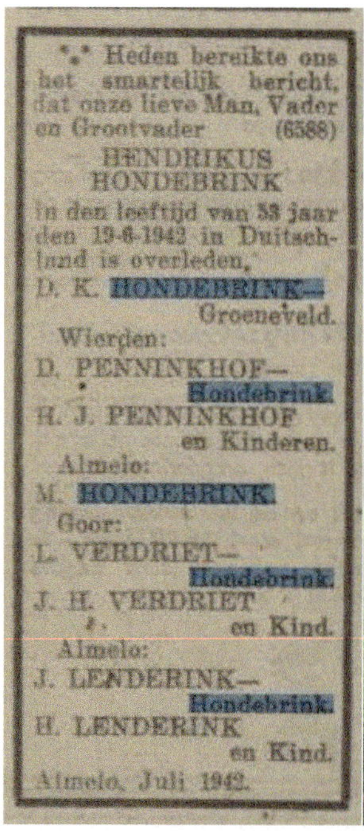

*** Heden bereikte ons het smartelijk bericht, dat onze lieve Man, Vader en Grootvader (6588)

HENDRIKUS HONDEBRINK

in den leeftijd van 53 jaar den 19-6-1942 in Duitschland is overleden.

D. K. HONDEBRINK—Groeneveld.

Wierden:
D. PENNINKHOF—Hondebrink.
H. J. PENNINKHOF en Kinderen.

Almelo:
M. HONDEBRINK.

Goor:
L. VERDRIET—Hondebrink.
J. H. VERDRIET en Kind.

Almelo:
J. LENDERINK—Hondebrink.
H. LENDERINK en Kind.

Almelo, Juli 1942.

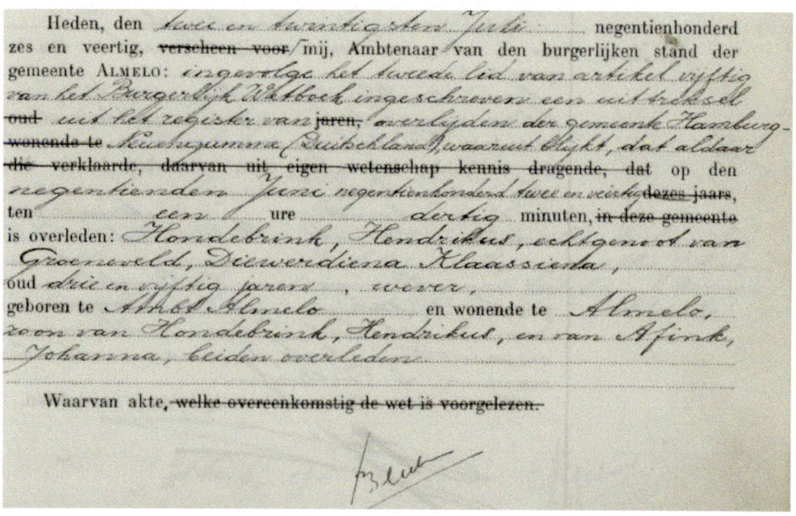

Heden, den twee en twintigsten Juli negentienhonderd zes en veertig, ~~verscheen voor~~ mij, Ambtenaar van den burgerlijken stand der gemeente ALMELO: ingevolge het tweede lid van artikel vijftig van het Burgerlijk Wetboek ingeschreven een uittreksel ~~oud~~ uit het register van ~~jaren,~~ overlijden der gemeente Hamburg- ~~wonende te~~ Neuengamme (Duitschland), waaruit blijkt, dat aldaar ~~die verklaarde, daarvan uit eigen wetenschap kennis dragende, dat~~ op den negentienden Juni negentienhonderd twee en veertig ~~dezes jaars~~, ten een ure dertig minuten, ~~in deze gemeente~~ is overleden: Hondebrink, Hendrikus, echtgenoot van Groeneveld, Dieverdiena Klaassiena, oud drie en vijftig jaren, wever, geboren te Ambt Almelo en wonende te Almelo, zoon van Hondebrink, Hendrikus, en van Afink, Johanna, beiden overleden.

Waarvan akte, ~~welke overeenkomstig de wet is voorgelezen.~~

Linksboven de advertentie in het Dagblad van het Oosten van 1 juli 1942 met het 'smartelijke bericht' van het overlijden van Hendrikus Hondebrink. Rechts het (met verzetsman/schilder Frederik Gerrit Verhagen gedeelde) graf van Hendrikus Hondebrink op het Nederlandse ereveld in Hamburg-Ohlsdorf. Onder de akte uit het Almelose bevolkingsregister, die pas in juli 1946, 4 jaar na het overlijden van Hendrikus, werd opgemaakt.

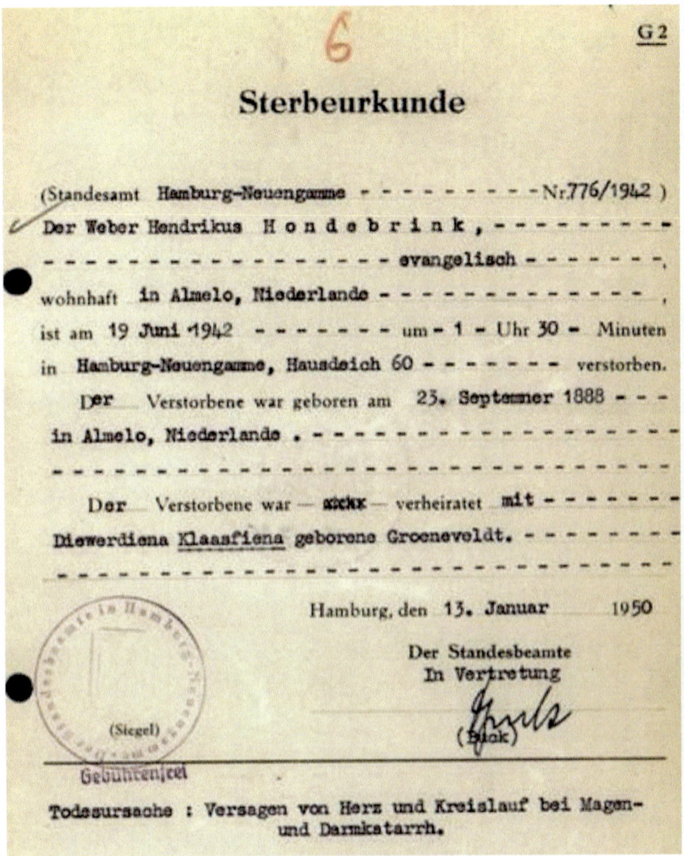

6

G2

Sterbeurkunde

(Standesamt Hamburg-Neuengamme - - - - - - - - - - Nr. 776/1942)

Der Weber Hendrikus H o n d e b r i n k , - - - - - - - - - -
- - - - - - - - - - - - - - - - - - - evangelisch - - - - - - - ,
wohnhaft in Almelo, Niederlande - - - - - - - - - - - - - - ,
ist am 19 Juni 1942 - - - - - - - - um - 1 - Uhr 30 - Minuten
in Hamburg-Neuengamme, Hausdeich 60 - - - - - - - - verstorben.

Der Verstorbene war geboren am 23. Septemner 1888 - - -
in Almelo, Niederlande . - - - - - - - - - - - - - - - - - -

Der Verstorbene war — verheiratet mit - - - - - - -
Diewerdiena Klaasfiena geborene Groeneveldt. - - - - - - - -

Hamburg, den 13. Januar 1950

Der Standesbeamte
In Vertretung
(Buck)

(Siegel)

Gebührenfrei

Todesursache : Versagen von Herz und Kreislauf bei Magen- und Darmkatarrh.

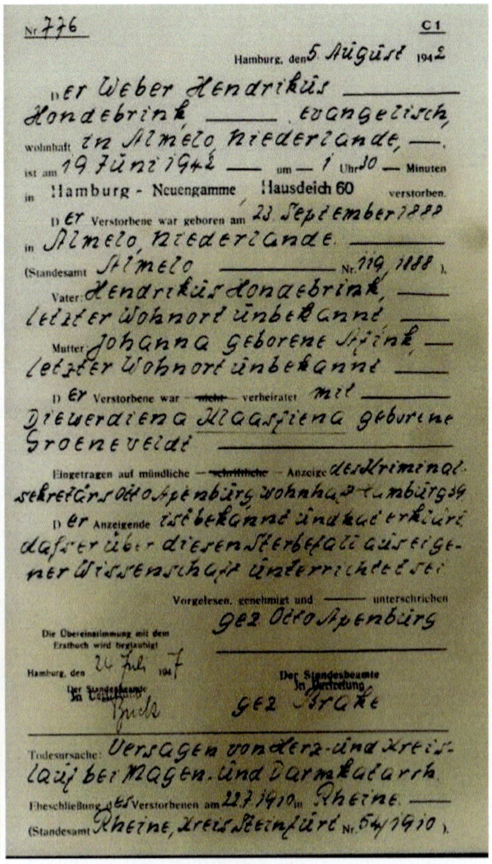

Nr. 776 C1

Hamburg, den 5. August 1942

Der Weber Hendrikus Hondebrink, evangelisch,
wohnhaft in Almelo, Niederlande,
ist am 19 Juni 1942 um 1 Uhr 30 Minuten
in Hamburg - Neuengamme Hausdeich 60 verstorben.

Der Verstorbene war geboren am 23. September 1888
in Almelo, Niederlande
(Standesamt Almelo Nr. 119, 1888).

Vater: Hendrikus Hondebrink, letzter Wohnort unbekannt
Mutter: Johanna geborene Sprink, letzter Wohnort unbekannt

Der Verstorbene war ~~nicht~~ verheiratet mit Diewerdiena Klaasfiena geborene Groeneveldt

Eingetragen auf mündliche ~~schriftliche~~ Anzeige des Kriminalsekretärs Otto Apenburg wohnhaft Hamburg 39

Der Anzeigende ist bekannt und erklärt dass er über diesen Sterbefall aus eigener Wissenschaft unterrichtet sei

Vorgelesen, genehmigt und unterschrieben
gez Otto Apenburg

Die Übereinstimmung mit dem Erstbuch wird beglaubigt
Hamburg, den 24 Juli 1947
Der Standesbeamte In Vertretung
Buck

Der Standesbeamte In Vertretung
gez Bracke

Todesursache: Versagen von Herz- und Kreislauf bei Magen- und Darmkatarrh.

Eheschließung des Verstorbenen am 22.7.1910 in Rheine
(Standesamt Rheine, Kreis Steinfurt Nr. 54/1910).

Linksboven: de akte met de officiële doodsoorzaak: 'Versagen von Herz und Kreislauf bei Magen- und Darmkatarrh'. Merkwaardig: dagtekening op 13 januari 1950, bijna 8 jaar later.

Rechts uit de archieven van de site https://collections.arolsen-archives.org/search/?s=hondebrink *de overlijdensverklaring, getekend door Otto Apenburg: 'dass er 'über diesen Sterbefall aus eigener Wissenschaft unterrichtet sei'. Een dergelijke verklaring gold standaard voor alle nazi-concentratiekampen met de bedoeling de hoge sterftecijfers te verhullen. Van Gestapo-officier Otto Apenburg is bekend dat hij opzettelijk de doodsoorzaak en het tijdstip van overlijden vervalste van overledenen in Neuengamme. Als Kriminalsekretär leidde hij van 1942 tot 1945 de politieke afdeling en camoufleerde hij de moorden. Doordat de documenten van de Gestapo zijn vernietigd, is er weinig over hem bekend. Ook over zijn dood bestaat onduidelijkheid.*

Hoofdstuk 19

Het wonder van Dachau

Bij de poort van vernietigingskamp Dachau met de beruchte tekst 'Arbeit macht frei' gebeurde een wonder, zoals het door de familie Rogmans wordt genoemd. Rentmeester Paul Rogmans, als beheerder van Huize Almelo een gerespecteerd man in het vooroorlogse Almelo, kwam in mei 1944 in concentratiekamp Dachau terecht nadat was verraden dat hij Huize Almelo had opengesteld voor ondergedoken joden. Bij aankomst aan de poort werd hij tot zijn grote verrassing herkend door de toen 28jarige Almelose palingverkoper Martin (Tinus) Hondebrink, die zei: 'Ie bint de rentmeester van Almelo. Ie hebt mie 'n moal ehölpen en doarom help ik oe d'r noe deur'.

Martin Hondebrink was anderhalve maand nadat zijn vader met een benzine-injectie om het leven was gebracht in Neuengamme, op transport gesteld naar Dachau. Daar kwam hij aan op 1 augustus 1942 en kreeg er werk in de kampkeuken, in die omstandigheden zeker geen onbelangrijke positie.

Rogmans en Hondebrink kenden elkaar al van voor de oorlog en blijkbaar had Rogmans Hondebrink een keer een dienst bewezen. Vandaar de aangeboden hulp. En die had Rogmans hard nodig want hij kwam al totaal verzwakt in Dachau aan nadat hij 'vreselijk was geslagen' bij zijn arrestatie en in kamp Vught.

Martin Hondebrink, rechts met zoon Hennie.

Rogmans' lot leek dan ook bezegeld. Maar het verhaal kreeg een bijzondere wending toen Rogmans in Dachau aankwam en iemand aan de nieuwkomers vroeg of er nog mensen uit Twente bij waren. De vraag was afkomstig van Martin Hondebrink. Uit die onverwachte ontmoeting ontstond een vriendschap, vertelt Rogmans' dochter Annemarie. Hondebrink zorgde er voor dat Rogmans kon aansterken en het kamp overleefde.

De twee mannen overleefden Dachau allebei. Rogmans echter was ernstig ziek en totaal verzwakt. In juni 1945 keerden ze terug. Voor Rogmans was alles een feest, blijkt uit het Rogmans-familiebulletin: 'Ik mocht weer met een vork eten *(in het kamp was alleen een lepel toegestaan)* en ik kreeg weer gewone aardappels te eten. Ik was God ontzettend dankbaar dat ik als een der weinigen aan Dachau mocht ontsnappen'.

Ook Almelo was opgetogen en ontving de voormalige rentmeester zelfs met een welkomstlied:

Gegroet, gegroet, Heer Rogmans weest gegroet,

U weer te zien, dat doet ons allen goed,

Wees welkom weer in Almelo

In onze boerenstand

Vervullend trouw de naasteplicht,

Leed gij voor volk en land.

Rentmeester Rogmans (met hoed) in september 1940 in gesprek met militairen bij de barakken van kamp Vossenbosch bij Rijssen, waar gedemobiliseerde Nederlandse soldaten waren ondergebracht die in de meidagen van 1940 gevochten hadden tegen de Duitsers (foto Historisch Centrum Overijssel). Rechts het naar Rogmans vernoemde park rondom Huize Almelo.

Vreemdgegaan?

Ook Tinus Hondebrink keerde ziek terug uit Dachau, maar hem stond een heel andere ontvangst te wachten. Tot zijn verbijstering waren er tijdens zijn afwezigheid twee kinderen geboren en bleek zijn vrouw Hendrika de Bruijn in verwachting van nummer 3. Maar niet van hem…

Vreemdgegaan? Ja, maar het kan natuurlijk zijn dat ze aannam dat Tinus was overleden. Hij was al 3 jaar weg, zonder taal of teken uiteraard. En dat nadat zijn eerste kinderen – de tweeling Diewerdina Klazina en Martin – in januari 1940 al na anderhalve maand waren gestorven, op dezelfde dag. Oorzaak onbekend.

De nieuwe dochtertjes – Hendrika Catharina (maart 1942) en Engeltje (augustus 1943) – en zoon Aart die in juli 1945 werd geboren, werden dan ook niet door Tinus erkend, krijg ik te horen van zijn kleindochter Angelique Middag-Kamphuis. Wie dan wel de vader was? Niemand in de familie die het weet. 'Er was geen openheid bij ons in de familie', vertelt Angelique.

Waarschijnlijk is zijn vrouw kort na de terugkeer van Tinus vertrokken naar Ede, want daar werd in juli 1945 Aart geboren. Twee jaar later overleed hij al. Uit gegevens van het Centraal Bureau voor Genealogie blijkt dat de kinderen direct na de geboorte uit huis zijn gehaald. Mogelijk zijn ze naar een kindertehuis gebracht.

Geen wonder dat Tinus na alle ontberingen in Neuengamme en Dachau en zijn weinig opbeurende thuiskomst 'helemaal was doorgedraaid', zoals zijn neef Gerrit Verdriet uit Goor het noemt. Hij maakte altijd een overspannen indruk en zocht vaak zijn troost in de alcohol. Dan was er geen land met hem te bezeilen.

Het zou tot mei 1947 duren voordat de scheiding met Hendrika de Bruijn werd uitgesproken. Twee maanden later trouwde Tinus met Annette Verheijen, die eerder met een andere verzetsman getrouwd was geweest: Cornelis Tijmes, die in april 1945 door de Duitsers werd gefusilleerd. Met haar kreeg hij 3 kinderen.

Toeziend voogd

Toen Tinus al in 1953 overleed werd Paul Rogmans verrassenderwijs toeziend voogd over zijn kinderen. Rogmans voelde het als zijn plicht zich over de kinderen van Tinus Hondebrink te ontfermen, ook al keek de omgeving enigszins vreemd aan tegen zo'n hechte band tussen een rentmeester en het gezin van een hulp-palingverkoper die bekend stond als een stevige drinker en een wat 'losse' levensstijl. Op zijn strafblad stond 'verduistering' en boetes bijvoorbeeld betaalde hij nooit, vertelt zijn kleindochter Angelique.

Rogmans overleed in oktober 1965 aan een niervergiftiging, vrijwel zeker een gevolg van de ontberingen in Dachau. Dina Groeneveld zou na de dood van haar man Rikus Hondebrink niet nogmaals trouwen. Ze kreeg een toelage van de Stichting 1940-1945, die vanaf 1947 de zorg voor de nabestaanden van overleden verzetsdeelnemers op zich had genomen.

Hoofdstuk 20

De onverklaarbare Groeneveldziekte

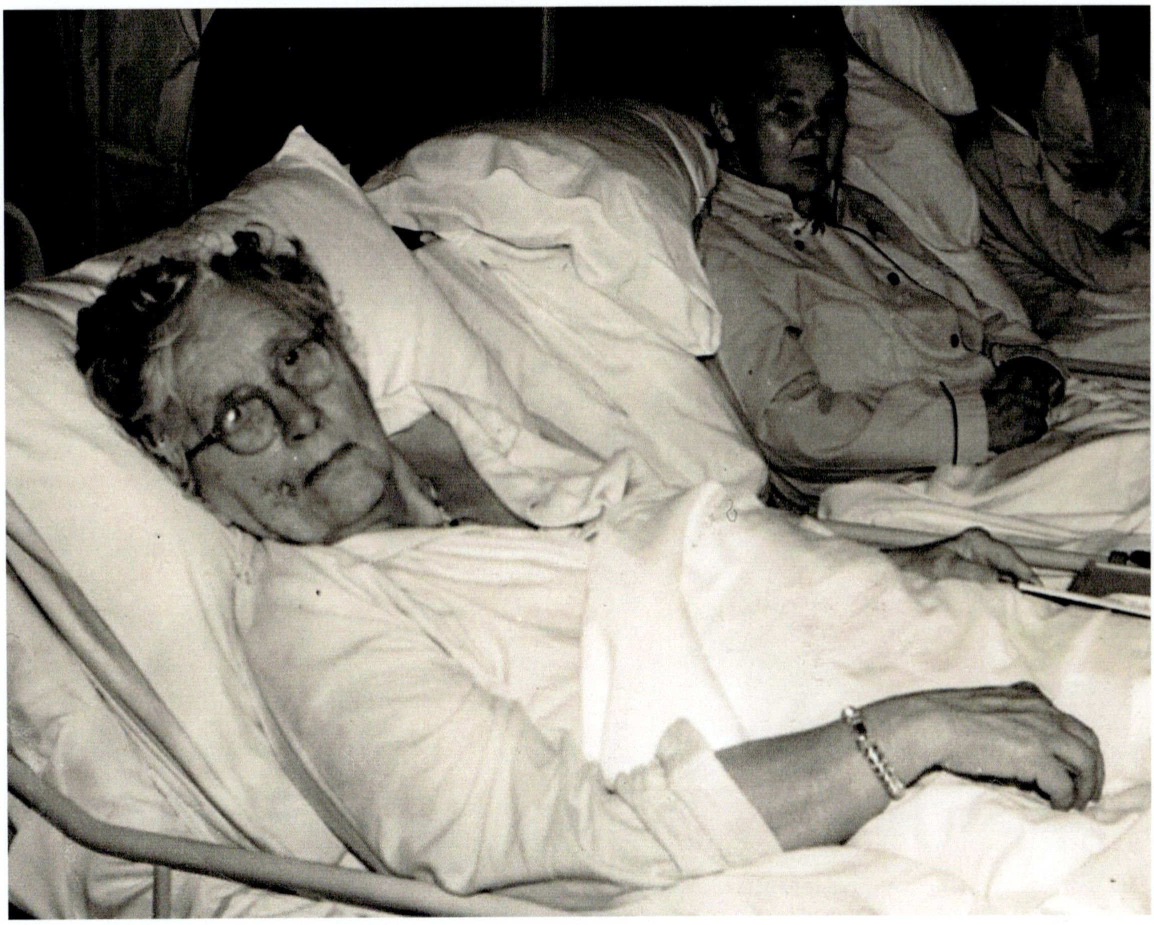

Oma Tjaakje op zaal in het 'rusthuis' De Hof in Warnsveld.

Wat was dat voor kwaal die mijn oma Tjaakje al voor haar 60ste velde? En waarvoor nooit een oorzaak kon worden aangewezen en die nooit een naam kreeg? Werd haar oudere zus Martha voor haar 60ste ook getroffen door dezelfde ziekte, waardoor ze bijna 25 jaar op bed lag? En haar zus Hillegonda? Hoe kwam het dat zij 18 jaar te kampen had met een ziekte waardoor ze aanvankelijk nog achter een stoel aanhobbelde, maar vervolgens ook 18 jaar op bed kwam te liggen?

Drie zussen die tegelijk bedlegerig waren. Martha, Tjaakje en Hillegonda Groeneveld. De laatste woonde in Farmsum bij Delfzijl, de eerste twee in Deventer. Maar ook die twee zagen elkaar nooit. Ze kwamen allemaal het huis niet uit. Waarschijnlijk konden ze elkaar in het begin van de Tweede Wereldoorlog nog ontmoeten, maar dat was snel afgelopen toen Martha met de strijkplank van de trap viel, op bed kwam te liggen en er nooit meer vanaf kwam.

Ook mijn oma Tjaakje, een grote stevige vrouw, begon in die tijd te sukkelen met haar gezondheid. Eigenlijk was ze al hulpbehoevend vanaf het begin van de 40er jaren; mijn vader en moeder zorgden voor haar in het ouderlijk huis aan de President Steynstraat in Deventer. Het lopen ging steeds moeilijker en al snel zat ze de hele dag op een grote, rechte stoel in de woonkamer. 's Avonds bij het naar bed gaan moest ze de trap worden 'opgeduwd'. De twee zussen zagen elkaar pas terug in augustus 1956, toen Martha werd opgenomen in 'rusthuis' De Hof aan de Rijksstraatweg 1 in Warnsveld, waar mijn oma een jaar eerder (april 1955) naar toe was gegaan.

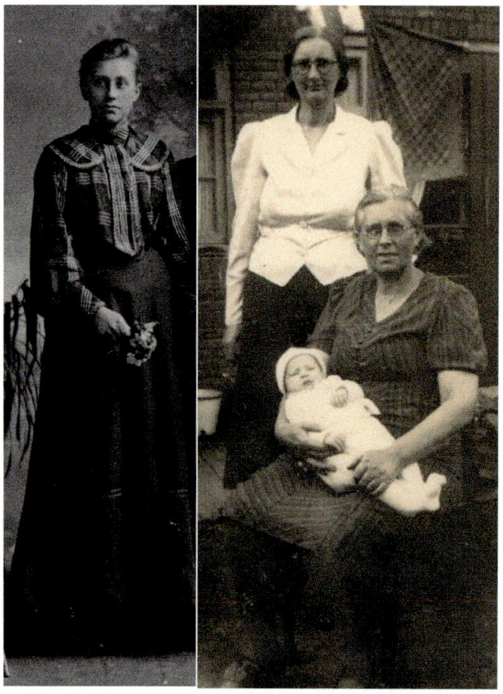

Links Tjaakje als jong meisje, rechts in 1941 samen met dochter Annie en pasgeboren kleinzoon Teun Wispelweij. Altijd op een rechte stoel, hier voor de verandering even in de tuin geplaatst.

Parkinson?

Drie zussen. Wat mankeerde hen? Niemand die het wist. Net als haar zuster Martha was mijn oma vaak niet goed verstaanbaar. Dan sprak ze met een dubbele tong. Ook beefden haar handen. Parkinson? Bij hun nazaten was er altijd de angst dat ze hetzelfde zouden krijgen. Mijn vader bijvoorbeeld was bang dat hij net zo hulpbehoevend zou worden als zijn moeder of tante. Dat gold ook voor zijn zuster Annie, die trouwens Parkinson kreeg toen ze al in de 80 was.

Toen mijn ouders in 1953 naar Emmeloord verhuisden, is oma daar nog een periode geweest, waarschijnlijk een paar maanden tot mijn moeder het niet langer aankon en gezondheidsklachten kreeg. Daarna was ze nog enige tijd bij tante Annie en oom Hans Wispelweij in Almelo. Daar sliep ze bij mijn neven op de slaapkamer en ook daar moest ze elke avond een smalle trap omhoog worden gehesen en geduwd.

In de tuin van het rusthuis De Hof in Warnsveld: oma (rechts in de rolstoel) in gezelschap van medebewoners.

Op een gegeven moment kon niemand de verzorging nog langer aan (mijn moeder kreeg na 8 jaar dagelijkse verzorging allerlei gezondheidsklachten) en ging ze naar een particulier rusthuis, zoals dat toen heette, in Warnsveld bij Zutphen. Dat tehuis staat er nog: De Hof aan de Rijksstraatweg. Oma Tjaakje stierf daar op 20 januari 1961, na een geduldig gedragen lijden zoals het in de overlijdensadvertentie staat. Mijn vader overleed 31 jaar later op de sterfdag van zijn moeder: 20 januari 1992.

In plaats van kaarten
Na een geduldig gedragen lijden overleed heden onze lieve, zorgzame moeder, behuwd- en grootmoeder

TJAAKTJE MARTINA GROENEVELD

weduwe van Gerrit Willem Vrugteveen, eerder weduwe van Jan Wolters, in de ouderdom van 73 jaar.

Almelo:
A. T. Wispelweij—Wolters
Joh. Wispelweij
Teun en Tako
Zwolle:
M. J. Wolters
E. A. Wolters—Berends
Gert en Wilma

Condoleantie-adres: Deldensestraat 10 en 12, Almelo.
Deventer, 20 januari 1961.
De teraardebestelling zal plaatsvinden woensdag 25 januari a.s. om 11.50 uur op de Algemene Begraafplaats te Deventer. Vertrek om 11.20 uur vanaf Van Calcarstr. 21 en om 11.30 uur vanaf het ziekenhuis, Dr. Fesevurstraat.

Gem. Begrafenisdienst
M. TER VELDE, Aanspreker
v. Calcarstraat 21, Tel. 4464
DEVENTER

DEVENTER, 9 Februari 1961

		f	
Begrafenis	wijlen Mevr. Wed. G.W. Vrugteveen	145.	-
~~Graf~~	Transport Deventer - Warnsveld.	25.	-
Volgrijtuigen	2 maal	35.	-
Rouwbrieven	1e soort	24.	35
Advertenties	Deventer Dagblad.	23.	35
Lijkkist	no 6.	118.	-
~~Lijkwad~~	[illegible]	9.	-
Acten	f 0.50 leges.	0.	50
	telefoon Almelo en Warnsveld	1.	68
	Bloemstuk f 15 + f 1.48 porto	16.	48
	Totaal f	398.	36

Voor de door U betoonde deelneming, bij het overlijden van onze lieve Moeder, Behuwd- en Grootmoeder

Tjaaktje Martina Groeneveld

weduwe van Gerrit Willem Vrugteveen
eerder weduwe van Jan Wolters

zeggen wij U hartelijk dank.

Almelo A. T. Wispelweij-Wolters
Joh. Wispelweij
Teun en Tako
Zwolle M. J. Wolters
A. E. Wolters-Berends
Gert en Wilma

Februari 1961

De overlijdensadvertentie in het Deventer Dagblad en de nota van de begrafenis.

Val van trap

Dick Jansen heeft nog meegemaakt dat zijn oma Martha kon lopen: 'Een lange, statige vrouw, vaak in het zwart gekleed en met een pothoedje op'. Hij weet dat ze met een strijkplank van de trap viel (waarschijnlijk in de oorlog), maar vermoedt dat er daarvoor al gezondheidsproblemen waren waardoor ze viel.

Martha Groeneveld met kleinkinderen Dick en Ali in de tuin van haar woning aan de Schinkenstraat 6 in Deventer.

Ik heb 'tante Martha' niet anders gekend dan dat ze altijd op bed lag. In de woonkamer aan de Schinkenstraat. Mijn moeder, jongere zus Wilma en ik kwamen er eind jaren 40, begin jaren 50 geregeld op bezoek toen we nog in Deventer woonden. Geef tante Martha maar een handje, zei mijn moeder. Dat deed je natuurlijk en dan voelde je een heel dun, bottig handje met vergroeide, kromme vingers. En een moeilijk verstaanbare stem zei: dag Ghettie, dag Wimma...

Mijn zus en ik kunnen dat spastische handje decennia later nog moeiteloos in herinnering brengen. Mijn neef Tako Wispelweij vond 'dat handje' zo eng dat hij altijd probeerde er onderuit te komen: 'Als we naar oma gingen in Warnsveld, moesten we ook altijd even langs bij tante Martha die op zaal lag. En dan begon de spanning bij mij al op te lopen. Mag ik in de tuin spelen, vroeg ik dan aan mijn ouders'. Ook Geertje Groeneveld verzon smoesjes om niet naar haar tante Martha te hoeven en als dat niet lukte volgde ze bedremmeld in het voetspoor van haar oudere broers Martin en Henk.

Martha Groeneveld nog in volle glorie: op haar trouwdag in augustus 1907in Rheine. Rechts Martha en Derk op latere leeftijd.

25 jaar verzorgd

Voordat Martha in 1956 naar het rusthuis in Warnsveld ging, werd ze thuis in Deventer verzorgd door haar man Derk Jansen en dochter Lien, een grote, donkere, knappe vrouw, die haar moeder en later haar vader gedurende een periode van 25 jaar verpleegde. Altijd waren er problemen met doorliggen, weet Geertje Groeneveld, een nicht van mijn vader.

Lien als diaconesse.

Lien was in opleiding voor diaconesse (verpleegster) en wilde daarmee in de voetsporen treden van haar tante Johanna Groeneveld. Tot haar moeder thuis van de trap viel en van het ene op het andere moment bedlegerig werd. Lien brak haar opleiding af en ging weer thuis wonen om de verzorging op zich te nemen. Daarvoor kreeg ze – weet Dick Jansen nog – een rijksdaalder per week van de overheid als toelage.

Lien 'regeerde' in de woning aan de Schinkenstraat 6 in Deventer met straffe hand. Het was een norse vrouw, weet Geertje Groeneveld zich nog te herinneren. Haar vader had thuis niks te vertellen. De dames waren de baas. In 1954 trouwde ze met Dirk Doornebosch. Lien was toen al 40. Maar ook Dirk had niet veel in te brengen. En met zijn familie wilde Lien weinig of niets te maken hebben. Dat waren 'rooien' en ze dronken ook nog...

Derk kwam later ook naar Warnsveld. Ondanks haar jaren en jaren durende ziekte werd Martha toch nog bijna 82 jaar. Ze stierf in februari 1966 in Warnsveld en overleefde mijn 3 jaar jongere oma Tjaaktje 5 jaar en haar man Derk 4 jaar.

Reuma

Ook 'tante Hillegonda', zoals ik haar naam vroeger wel hoorde noemen, was ooit een jonge, gezonde vrouw, maar ook zij werd al voor haar 60ste bedlegerig. In totaal was ze 18 jaar aan bed gekluisterd, tot aan haar dood in 1973 op 77-jarige leeftijd. Toen de klachten begonnen hobbelde ze eerst nog wat achter een stoel aan. Later kwam ze op bed te liggen. Bijzonder is dat in haar geval wel een diagnose werd gesteld: reuma. Maar was het wel reuma?

1918: een jonge Hillegonda (22) met haar nichtje Annie Wolters, mijn tante, toen die met mijn oma op bezoek was in Groningen. Rechts Hillegonda op latere leeftijd.

Haar kleinzoon Jakob Dijk weet nog dat hij het als kind nooit leuk vond om naar zijn opa en oma te gaan: 'Oma lag altijd op bed. Dat vond je saai. Oma sliep beneden en opa boven. Opa had een zwaar leven als bakker. Bij nacht en ontij moest hij het bed uit, brood bakken en dan met een fiets met mand brood bezorgen bij de boeren in de wijde omgeving. Soms moest ie voor één brood een heel eind op stap door weer en wind. En dan was er ook nog de winkel die bemand moest worden. En zijn vrouw die verzorging nodig had'.

Jakob Dijk vond het als kind nooit leuk om naar zijn opa en oma te gaan: 'Oma lag altijd op bed. Dat vond je saai'.

'Omdat oma op bed lag in de kamer en opa in de slaapkamer boven was opa 's nachts moeilijk wakker te krijgen door haar als ze hulp nodig had.' Jakob weet dat zijn opa daarom zelf een soort alarminstallatie had gemaakt met touwtjes en gewichtjes. De gewichtjes zaten vast aan de touwtjes en via katrollen kon dat geheel worden bediend. 'In geval van nood werd het touw gevierd door oma, waardoor opa het gewicht - dat boven zijn hoofdkussen hing - op zijn hoofd kreeg… Later toen de techniek wat verbeterde heeft mijn vader een elektrische deurbel bij opa's bed gemaakt. Zo werd hij bij nood door oma uit bed gebeld'.

Hillegonda Groeneveld en Albert Zandt (die nicht en neef waren) op hun 50ste trouwdag, op 28 april 1971.

Overgrootmoeder bron?

De bron van de 'Groeneveldziekte' ligt waarschijnlijk verder in het verleden: bij overgrootmoeder Tjaakje Groeneveld-Bouwman, de moeder van Martha, Tjaakje en Hillegonda. Precies komen we daar niet achter.

De aanwijzingen hiervoor komen van Hillegonda's dochter Lien Dijk-Zandt: 'Ze lag altijd op bed'. En van Martha's kleinzoon Dick Jansen die vroeger van zijn tante Lien Jansen heeft gehoord dat oma in Woltersum bij mooi weer buiten in een tentje lag: voor de frisse lucht. In elk geval was mijn overgrootmoeder jaren ziekelijk want ze was ook niet in staat in 1921 (ze was toen 57) bij het huwelijk van haar dochter Hillegonda te zijn. Een paar jaar later overleed ze, op 63-jarige leeftijd.

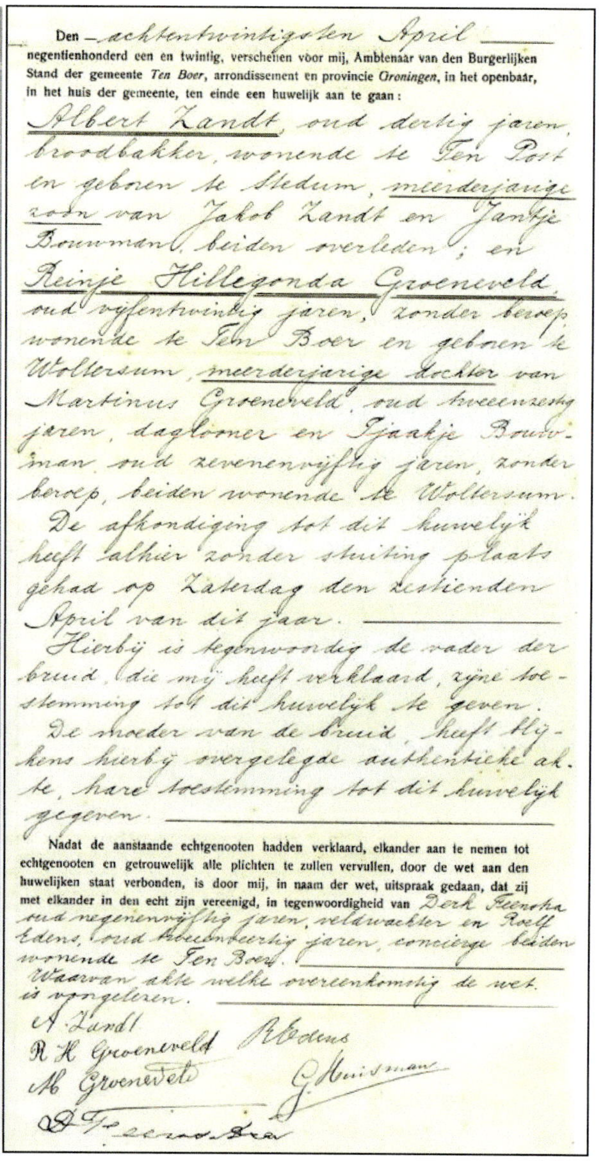

Den achtentwintigsten April negentienhonderd een en twintig, verschenen vóór mij, Ambtenaar van den Burgerlijken Stand der gemeente *Ten Boer*, arrondissement en provincie *Groningen*, in het openbaar, in het huis der gemeente, ten einde een huwelijk aan te gaan:

Albert Zandt, oud dertig jaren, broodbakker, wonende te Ten Post en geboren te Stedum, meerderjarige zoon van Jakob Zandt en Jantje Bouwman, beiden overleden; en Reinje Hillegonda Groeneveld, oud vijfentwintig jaren, zonder beroep wonende te Ten Boer en geboren te Woltersum, meerderjarige dochter van Martinus Groeneveld, oud tweeenzestig jaren, daglooner en Tjaakje Bouwman oud zevenenvijftig jaren, zonder beroep, beiden wonende te Woltersum.

De afkondiging tot dit huwelijk heeft alhier zonder stuiting plaats gehad op Zaterdag den zestienden April van dit jaar.

Hierbij is tegenwoordig de vader der bruid, die mij heeft verklaard, zijne toestemming tot dit huwelijk te geven.

De moeder van de bruid heeft blijkens hierbij overgelegde authentieke akte, hare toestemming tot dit huwelijk gegeven.

Nadat de aanstaande echtgenooten hadden verklaard, elkander aan te nemen tot echtgenooten en getrouwelijk alle plichten te zullen vervullen, door de wet aan den huwelijken staat verbonden, is door mij, in naam der wet, uitspraak gedaan, dat zij met elkander in den echt zijn vereenigd, in tegenwoordigheid van Derk Feenstra oud negenenvijftig jaren, veldwachter en Roelf Edens, oud tweeenveertig jaren, concierge beiden wonende te Ten Boer.

Waarvan akte welke overeenkomstig de wet is voorgelezen.

A. Zandt
R H Groeneveld
M Groeneveld
R Edens
G. Huisman
D Feenstra

Overgrootmoeder Tjaakje Groeneveld-Bouwman. Rechts de trouwakte van haar dochter Hillegonda Groeneveld en Albert Zandt, waaruit blijkt dat alleen overgrootvader Martinus aanwezig was. Blijkbaar was overgrootmoeder Tjaakje niet meer in staat te komen.

Hoofdstuk 21

Groeneveldziekte heeft een naam gekregen: cerebellaire ataxie

Cerebellaire ataxie… cerebellaire ataxie… Wekenlang tolde dit begrip door mijn hoofd. Ik had er nog nooit van gehoord, maar nadat mijn achterneef Dick Jansen in november 2013 de term liet vallen wilde ik er alles van weten. Het blijkt namelijk de verzamelnaam te zijn van de ziekte die de Groeneveldfamilie in elk geval al vele decennia en misschien wel eeuwen teistert. Kan dan eindelijk een naam worden gegeven aan de kwaal waarmee mijn oma Tjaakje, haar zussen Martha en Hillegonda, waarschijnlijk hun moeder en wie weet hoeveel nazaten kampten?

Nadat ik na veel moeite mijn achterneef Dick Jansen (kleinzoon van oma's zus Martha) wist op te sporen, raakte alles in een stroomversnelling. Toen pas, na tientallen jaren, werd duidelijk welke ziekte er onder de Groenevelds heerste en heerst. Het blijkt cerebellaire ataxie te zijn, een aan Parkinson verwante ziekte. En omdat ik de enige ben die een beetje overzicht heeft over die familie, kom ik al tot een stuk of 15 zekere en 'verdachte' gevallen, in verleden en heden.

Bijzonder dat toen nog niemand wist om welke ziekte het ging, er al wel signalen waren die onder meer wezen op Parkinson. In mijn aantekeningen van voor 2013 vind ik het volgende terug: 'Over de aard van de ziekte is niets bekend, maar bepaalde symptomen zouden kunnen wijzen op de gevolgen van een hersenbloeding, reuma of de ziekte van Parkinson'.

Dicks vader Gerard Jansen (de zoon van Martha Groeneveld) was de eerste in de familie bij wie cerebellaire ataxie officieel werd vastgesteld, nadat artsen eerst dachten dat hij de 'parkietenziekte' had. Hij was toen rond de 60. Dick: hij had dezelfde verschijnselen als zijn moeder Martha.

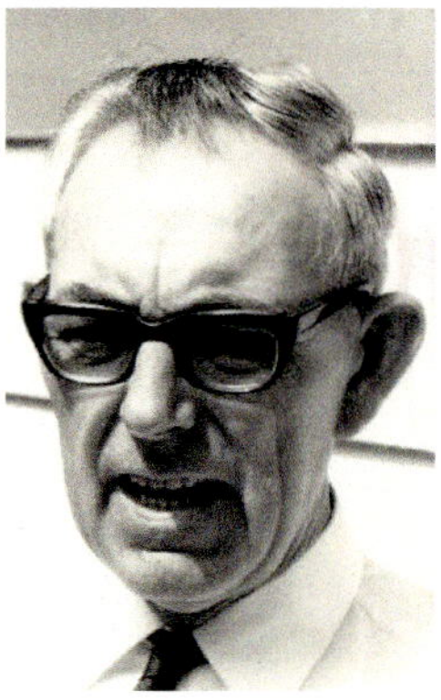

Gerard Jansen was de eerste bij wie officieel cerebellaire ataxie werd vastgesteld.

Het begon bij Gerard met 'zwabberbenen' en dat past precies in het beeld van de ziekte, die bijna altijd begint met loopstoornissen. Gerard eindigde in een rolstoel. Na zijn dood is er autopsie verricht en toen bleek dat cellen in zijn kleine hersenen waren afgestorven.

Dat laatste is wezenlijk bij cerebellaire ataxie: het is namelijk een coördinatiestoornis (ataxie betekent wanordelijk bewegen) die meestal wordt veroorzaakt door een vervroegde veroudering van de kleine hersenen (cerebellum). Het is niet exact bekend hoeveel patiënten er zijn (waarschijnlijk enkele honderden in Nederland), maar de erfelijke stoornis is relatief zeldzaam: naar schatting ruim 200 families. Het afwijkende gen dat verantwoordelijk is voor de ziekte wordt van generatie op generatie doorgegeven door familieleden die drager zijn. De genetisch bekende typen van de ziekte ADCA worden aangeduid als SCA (spinocerebellaire ataxie). Opvallend: de variant SCA 3 komt het meest voor in Nederland, vooral in Groningen (!) en Drenthe.

Veel voorkomende symptomen zijn een onzeker looppatroon (als een 'dronkenman'), onduidelijk spreken ('dronkenmansspraak'), misgrijpen, trillende handen en dubbelzien. Het precieze mechanisme is niet bekend, en dat maakt de ontwikkeling van een medicijn nog niet mogelijk. Fysiotherapie, logopedie en pijnstillers kunnen het leven wat dragelijker maken. Het tempo waarin het proces zich voltrekt kan zich uitstrekken over enkele tot tientallen jaren.

Een armband om de buitenwereld duidelijk te maken dat je niet dronken bent: 'Ik ben niet dronken. Ik heb ataxie'. https://mens-en-gezondheid.infonu.nl/ziekten/177593-de-erfelijke-degenererende-hersenziekte-adca-sca.html

Oud mee worden

Het klinkt allemaal niet hoopgevend: hele vervelende verschijnselen, geen medicijnen voorhanden, langdurig verloop en in het geval van de Groenevelds nog erfelijk ook (Autosomaal D ominant-erfelijke Cerebellaire Ataxie). Toch kun je er merkwaardig genoeg behoorlijk oud mee worden. Lien Dijk-Zandt is daarvan in de familie Groeneveld het treffende voorbeeld: zij werd 93 jaar.

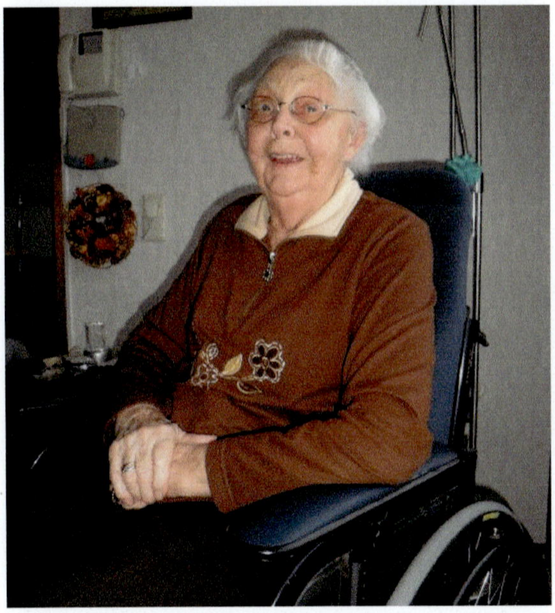

Lien Dijk-Zandt in haar rolstoel.

Lien is een dochter van Hillegonda Groeneveld, een van de 3 zussen die langdurig bedlegerig was. Net als haar moeder kreeg ze op een gegeven ogenblik last van een verslechterend bewegingspatroon. In 1997 werd bij haar Autosomaal Congenitale Progressieve Cerebellaire Ataxie vastgesteld. Congenitaal geeft aan dat de klachten al vanaf de geboorte aanwezig zijn en autosomaal wil zeggen dat het erfelijk is. Ze begon steeds slechter te lopen en te bewegen en kwam uiteindelijk in een rolstoel terecht. Ook was ze heel moeilijk te verstaan. Toch bereikte ze de hoge leeftijd van 93 jaar.

Testen

De laatste jaren komt het steeds vaker voor dat mensen die vermoeden cerebellaire ataxie te hebben, zich laten testen. Na een coördinatie-onderzoek kan een neuroloog vaststellen of er inderdaad sprake van is. Vervolgens is verder onderzoek nodig om de oorzaak op te sporen. Dan gaat het in meeste gevallen om bloedonderzoek en een MRI-scan.

Zo lieten Dick Jansen en zijn zus Ali zich testen nadat duidelijk was geworden dat zowel hun vader Gerard als hun oma Martha de ziekte hadden. Dick bleek niets te mankeren, maar zus Ali wel. Zij kreeg de eerste klachten toen ze eind 40 was, artsen konden niets voor haar doen. Ali zat vervolgens jaren in een rolstoel en overleed in 2015 vlak voor haar 69ste verjaardag.

Slecht ter been

Ook anderen in de familie hadden en hebben al jaren klachten die - ik zeg het voorzichtig - gerelateerd zouden kunnen zijn aan cerebellaire ataxie: slecht ter been, soms moeite hebben met spreken. Vaak weten ze niet wat voor ziekte ze hebben, al wordt reuma wel vaak genoemd. Mijn vader bijvoorbeeld liep jaren slecht (officieel: dichtgeslibde bloedvaten) en had later soms ook moeite met articuleren. Zijn zus, mijn tante Annie Wispelweij-Wolters, kreeg Parkinsonachtige verschijnselen toen ze al in de 80 was en in een rolstoel zat.

Willem Groeneveld, de enige broer van de 3 bedlegerige zussen, kende geen gezondheidsproblemen die met cerebellaire ataxie te maken zouden kunnen hebben, maar zijn jongste zoon Henk is wel 'verdacht'. Henk had jaren moeite met lopen en was vaak slecht verstaanbaar. Willems dochter Geertje is al jaren onder behandeling van een reumatoloog, maar er kon aanvankelijk nooit een goeie diagnose worden gesteld. Uiteindelijk werd spierreuma vastgesteld. Zij zelf en ook haar behandelend arts zijn ervan overtuigd dat ze geen cerebellaire ataxie heeft.

Vraagtekens

Bij de nazaten van een andere zus van mijn oma, Dina Groeneveld, lijkt niet veel aan de hand. Een vraagteken is echter Henk Penninkhof, het oudste kleinkind van Dina Groeneveld. Henk zat jaren in een rolstoel en was eind 2013 nauwelijks nog te verstaan. Volgens zijn familie had hij een hernia gehad en enkele TIA's. Toch vertoonde hij dezelfde verschijnselen als bij cerebellaire ataxie. Daar komt bij dat de ziekte ook door een beroerte kan ontstaan.

Een kleinkind van Mina Groeneveld kreeg als diagnose MS. 'Ik heb altijd vermoed dat er iets in de familie was', zegt ze. Haar inmiddels overleden moeder was de laatste jaren van haar leven onder behandeling van een reumatoloog. Spierreuma, luidde het oordeel van de huisarts.

'Zekeren' en 'verdachten'

Alles opgeteld kom ik in totaal op een stuk of 15 'zekeren' en 'verdachten': verspreid door de hele familie Groeneveld en van verschillende generaties, te beginnen met overgrootmoeder Tjaakje Groeneveld-Bouwman uit Woltersum. Dan haar 3 dochters Martha, oma Tjaakje en Hillegonda, en vervolgens druppelt het door naar volgende generaties.

Alleen bij Martha Groenevelds nazaten en bij Hillegonda's dochter Lien Dijk-Zandt is met zekerheid vastgesteld dat het om cerebellaire ataxie gaat. Dan volgt een rij familieleden bij wie niets is onderzocht of bij wie de diagnose reuma/spierreuma, TIA, MS of Parkinson is gesteld.

Hoofdstuk 22

Het oplopertje van Hermina Groeneveld

Het moet 1965 zijn geweest. Wim Groeneveld was een jaar of 6 en stond in een winkel in zijn geboortedorp Ten Boer toen hij werd aangesproken door een wildvreemde vrouw. 'Hallo, ik ben je oma', klonk het uit de mond van de rijzige dame. Het was zijn eerste bewuste kennismaking met Bernhardine Hermine Friederieke (Mina) Groeneveld, de jongste zus van mijn oma Tjaaktje Martina Groeneveld.

De onverwachte ontmoeting was het late begin van een oma-kleinzoon relatie die ook in de jaren daarna nooit warm is geworden. Oorzaak: ruzie tussen zijn vader en zijn oma. Wim: 'Later, toen ik een jaar of 11 was, is het contact tussen mijn vader en zijn moeder hersteld, maar dat duurde anderhalf jaar en toen was het weer mis.'

Dat patroon bleef eigenlijk altijd zo. Wim: 'Ik herinner me dat we wel een rouwkaart kregen toen mijn oma was overleden. Mijn vader is toen naar de begrafenis geweest. Alleen. Maar hij hield zich afzijdig van de rest van de familie want met zijn halfbroers en halfzus was er ook geregeld onenigheid. Ik ken de familie van die kant dan ook eigenlijk niet.'

Beelden van Hermina Groeneveld; rechts met een onbekende vrouw op weg naar een begrafenis.

Mysterie

Wims vader, Martinus Willem Groeneveld, was het onechte kind van Hermina Groeneveld. Een 'oplopertje', zoals ze in Groningen zeggen. Martinus Willem werd geboren op 18-12-1933 in Woltersum en werd al snel als Groeneveld erkend: op 11-01-1934. Wie de vader was, bleef jarenlang een mysterie en eigenlijk is er tot op de dag vandaag geen 100 procent zekerheid over.

Hermina Groeneveld als meisje en als jonge vrouw.

Een jaar of 4 later trouwde Hermina met de 19 jaar oudere kleermaker Pieter Engel, die doofstom was. In de familie is wel eens verondersteld dat de twee elkaar uit praktische overwegingen hebben 'genomen'. Hermina was een ongehuwde moeder en had vaak geldzorgen en de weduwnaar Pieter Engel zou met zijn handicap wellicht moeilijk aan een nieuwe vrouw kunnen komen. Ze kregen 5 kinderen: Jan Cornelis Engel, de tweeling Gerhardus Willem Engel (Gradus) en Tjaakje Jantje Engel, Pieter Herman Engel en Harmannus (Harry) Engel. Jan Engel, Gradus en Tjaakje Engel en Pieter Herman, die het syndroom van Down had, zijn overleden.

De trouwfoto van Hermina Groeneveld en Pieter Engel in 1937. Rechts een foto eind jaren 30/begin jaren 40: Martinus Groeneveld met zijn stiefvader Pieter Engel.

De andere kinderen uit het gezin van Hermina Groeneveld en Pieter Engel zagen hun oudere halfbroer Martinus Willem trouwens wel als een echte broer. Het werd als vanzelfsprekend ervaren, ondanks het feit dat Martinus Willem als achternaam Groeneveld had en de anderen Engel heetten.

Onwetend

Heel lang hebben de kinderen niet geweten wie de natuurlijke vader was van Martinus Willem. Pas jaren en jaren later hoorde dochter Tjaakje van een buurvrouw dat het de schilder Jacob Kuil was, een zoon van boerenknecht Tammo Kuil. Jacob woonde een paar huizen verder dan Hermina, die toen nog bij haar ouders aan de K. de Boerweg 11 in Woltersum woonde. Jacob had ook een vriendin in Ten Post, maar die verkering ging uit toen bleek dat Hermina zwanger van hem was geraakt. Maar blijkbaar ging ook Hermina niet verder met Jacob Kuil (of omgekeerd), want zij bracht haar onechte kind alleen ter wereld en Jacob trouwde in 1939 met een zekere Henderika Hoogeveen.

Mijn overgrootvader Martinus Groeneveld met zijn kleinzoon en naamgenoot Martinus Willem Groeneveld. De foto is waarschijnlijk rond 1937 gemaakt. Op het 'tilje' in Woltersum, de Groningse (en Friese) naam voor een van oorsprong losse brug. Het woord betekent eigenlijk plank (vergelijk duiventil). Een til was vroeger namelijk van hout en werd aan het begin van de winter afgebroken om de onderdelen droog te kunnen bewaren. In het voorjaar werden de planken teruggelegd. In de loop van de tijd zijn de tillen bruggen geworden, waarbij de naam til is blijven bestaan. Er zijn zelfs plaatsnamen die naar de lokale brug zijn genoemd, zoals Enumatil. Op de achtergrond, recht tegenover de brug, de voormalige boerderij van Martinus Groeneveld aan de Kollerijweg.

Hermina heeft over de hele affaire dus nooit iets verteld aan haar kinderen. Waarschijnlijk is Martinus Willem zelf later wel aan de weet gekomen wie zijn vader was, want na zijn overlijden in 2011 bevestigt zijn weduwe Grietina Groeneveld-Dijkema een en ander. Volgens haar waren Hermina en Jacob Kuil verloofd en stonden ze op punt van trouwen. Toen Hermina in verwachting bleek te zijn, ontkende Jacob echter dat het kind van hem was en wilde hij niets meer met Hermina te maken hebben.

Dat verhaal wordt later bevestigd door Tjaakje Engel. Zij begreep van de buurvrouw van haar ouders dat Jacob ondanks zijn ontkenning wèl voor het kind betaalde, maar er verder niet naar heeft omgekeken. En dat omkijken was in de praktijk echt niet moeilijk want Hermina was na haar huwelijk met Pieter Engel in 1937 in het ouderlijk huis van Pieter aan de K. de Boerweg 4 gaan wonen (Huize Zonneweelde) en Jacob liet 2 jaar daarna met zijn kersverse echtgenote Henderika een nieuw huis bouwen op grond van zijn ouders aan de K. de Boerweg 2, vlakbij Hermina en Pieter Engel… In al die jaren dat ze naast elkaar woonden werd echter alle contact vermeden.

Klopt, voegt Hermina's jongste zoon Harry Engel daaraan toe: 'Jacob Kuil was onze achterbuurman en zijn vader woonde pal naast ons! Mijn moeder sprak wel met de oude Kuil maar met Jacob niet en die zei tegen mij ook nooit wat'.

Harry Engel (links halverwege de jaren 60 met zijn moeder Hermina, rechts op latere leeftijd): 'Toen mijn moeder overleden is had ik al een tijd geen contact meer met haar'.

Een bizarre situatie. Temeer omdat Jacob Kuil met Henderika Hoogeveen geen kinderen kreeg. Van 1939 tot 1969, 30 jaar lang, woonde hij naast zijn ex Hermina. En zijn enige kind – waar hij niet naar omkeek – woonde naast hem tot Martinus in 1955 trouwde.

Zonneweelde, het huis aan de K. de Boerweg 4 in Woltersum, waar Hermina Groeneveld en Pieter Engel jaren woonden. Vlakbij stond het huis dat Hermina's ex Jacob Kuil liet bouwen. Hermina's zoon Gradus Engel woonde jarenlang in Zonneweelde, tot zijn dood in 2013. Rechts een foto van Zonneweelde in de tijd dat Hermina en Pieter Engel er woonden.

In 1968 figureerde Hermina in een film van J.W.L. Adolfs over het dorpsleven in Woltersum. Ze is 3 keer te zien: op 11.18 bezig met was ophangen bij haar huis aan de K. de Boerweg 4 (Zonneweelde), op 12.07 staat ze rechts met een paar buurtbewoners voor een huis aan de K. de Boerweg en op 27.53 is ze aan het kaarten in de sportzaal.
https://www.archieven.nl/nl/zoeken?mivast=0&mizig=317&miadt=5&miaet=14&micode=2209&minr=1381239&milang=nl&misort=last_mod%7Cdesc&miview=ff

DNA vaststellen?

Ook Martinus Willem zelf vertelde niets aan zijn 5 kinderen over hun onbekende opa. Pas in 2011 krijgt zijn zoon Wim van mij te horen wie hoogstwaarschijnlijk zijn echte grootvader is: Jacob Kuil, de buurjongen van Hermina. Maar ja,100 procent zekerheid hebben we niet.

Wim Groeneveld en zijn vrouw Hanneke in 2011.

Reactie van Wim: 'De geheimen zijn onderhand de graven ingegaan denk ik. We kunnen toch moeilijk pa en Jacob Kuil gaan opgraven om hun DNA te gaan vaststellen, maar je zou het bijna doen. Misschien is die dekselse Hermina toch wel een beetje erg stout geweest destijds'.

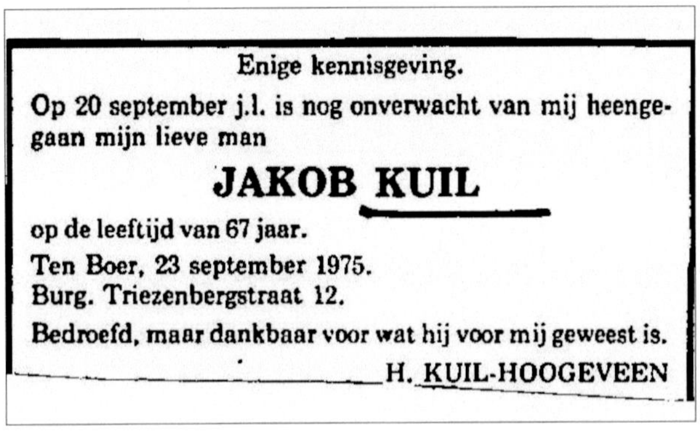

Enige kennisgeving.

Op 20 september j.l. is nog onverwacht van mij heengegaan mijn lieve man

JAKOB KUIL

op de leeftijd van 67 jaar.

Ten Boer, 23 september 1975.
Burg. Triezenbergstraat 12.

Bedroefd, maar dankbaar voor wat hij voor mij geweest is.

H. KUIL-HOOGEVEEN

'Enige kennisgeving' van het overlijden van Jacob Kuil in september 1975.

Zou dat misschien de reden zijn dat Jacob Kuil het vaderschap ontkende en niet verder wilde met Hermina? Bij het vinden van een verklaring voor de merkwaardige gang van zaken moeten we ons ook realiseren dat het een jaar of 80 geleden een volstrekt normale gang van zaken was nooit met je kinderen te spreken over dit soort gevoelige kwesties. Bovendien stond de stugge Groningse volksaard niet bekend om zijn openheid.

Met zwijgen leek het probleem misschien verder weg. En wat zou erover spreken opleveren in het piepkleine Woltersum waar iedereen elkaar kende en vrijwel alles van elkaar wist? Het zou dus kunnen zijn dat Jacob Kuil naar de buitenwereld toe niet wilde weten dat hij de vader was en dat door zijn ontkennende en ontwijkende gedrag naar moeder en kind ook toonde, maar dat zijn geweten hem toch dwong voor zijn zoon te betalen.

Hoofdstuk 23

'Iedereen wist dat Jacob de vader was'

De tragiek is dat het zwijgen over het vaderschap van Jacob Kuil eigenlijk niks opleverde want begin 2014 werd mij verzekerd dat iedereen in het dorp van de hoed en de rand wist. Jacob Kuil was de vader van Martinus, dat was algemeen bekend.

Het laatste werd mij verteld door de in 1932 in Woltersum geboren en in 1957 uit Woltersum vertrokken Hennie Blaauw, een leeftijdgenoot van Martinus. 'Iedereen wist dat Jacob Kuil de vader was. Zelfs de kinderen van een jaar of 10, zoals ik. Wat ik me nog goed herinner is dat Martinus niet sprekend op zijn biologische vader leek. Wel koos hij later hetzelfde beroep: schilder'.

Wat Hennie Blaauw ook nog goed is bijgebleven is dat de houding van Jacob Kuil eigenlijk door iedereen werd afgekeurd: 'Voor zijn ontkenning was geen waardering in het dorp'.

Volgens Grietina heeft haar man nooit contact gezocht met Jacob Kuil, zijn mogelijke biologische vader. Maar ook met zijn biologische moeder liep het dus niet op rolletjes. Wim Groeneveld vertelt dat er altijd een moeizame relatie is geweest tussen zijn vader en zijn oma Hermina. Vaak was er helemaal geen contact tussen moeder en zoon, soms jarenlang. 'Als er ruzie was, dan werd er een bladzij omgeslagen en die ging niet meer terug. Dan is het boek dicht, zei mijn vader altijd'.

Links Martinus Willem Groeneveld met zijn halfzusje Tjaakje, rechts als jonge man.

Contact verbroken

Ook de relatie tussen Martinus Willem en zijn halfzuster en halfbroers liep op een gegeven moment spaak. Waren bij zijn huwelijk met Grietina Dijkema in 1955 alle familieleden nog aanwezig - ook zijn eigen moeder - later werden de banden rigoureus verbroken. De 5 kinderen van Martinus Willem (Harry, Anneke, Wim, Ineke en Margreet Groeneveld) hebben dan ook nauwelijks weet van de andere familieleden.

In 2011, bij het overlijden van Martinus Willem, blijkt er al meer dan 35 jaar geen contact te zijn. Wim: 'Na vaders overlijden hebben we niets gehoord van de familie Engel, maar ze hadden van ons ook niets toegestuurd gekregen. Er was al zo lang geen contact meer geweest'.

Maar ook onderling liepen de 'Engeltjes' kleerscheuren op. Zo was er jaren geen contact meer tussen Harry Engel, de jongste van het gezin, en zijn andere broers en zus. Harry: 'Toen mijn moeder overleden is had ik al een tijd geen contact meer met haar'. Toen een van de broers, Pieter Engel, in 2005 overleed, werd de verdeling van de erfenis afgehandeld via de notaris.

De trouwdag van Martinus Willem Groeneveld en Grietina Dijkema, op 30 september 1955 in Westerbork. Ze trouwden toen Grietina 17 jaar was. Hun eerste kind, Harry Groeneveld, was toen al ruim een jaar oud. Het is een van de weinige foto's waarop Martinus samen met zijn moeder Hermina Groeneveld (rechts, met de dodelijke blik...) te zien is. Waarschijnlijk kregen moeder en zoon al vrij snel na het sluiten van het huwelijk ruzie. Hermina's echtgenoot, Pieter Engel, was om onbekende redenen niet bij het huwelijk aanwezig en staat dus ook niet op de foto's.

Alles nog pais en vree. De broers en zussen van het bruidspaar op de trouwdag van Martinus Willem Groeneveld en Grietina Dijkema in 1955. In het midden het bruidspaar. Derde van links is Klaas Dijkema, de broer van Grietina. Links Jan Engel, de oudste halfbroer van de bruidegom, daarnaast Jaap Hoven (vriend van de bruid en chauffeur van de trouwauto). Op de voorgrond het jongste halfbroertje: Harmannus (Harry) Engel. Geheel rechts de tweeling Tjaakje en Gradus Engel. Halfbroer Pieter Engel, die het syndroom van Down had, ontbreekt op de foto.

Opa een Duitser?

Hermina moet niet soepel in de omgang zijn geweest. Wim: ‘Ik heb later begrepen dat mijn oma geen gemakkelijke vrouw was. Maar ik heb haar nauwelijks gekend. Ik wist wel dat ze in Rheine was geboren en heb daarom wel eens verondersteld dat mijn opa een Duitser was, misschien een hannekemaaier. Dat waren seizoenarbeiders uit Duitsland die in de zomer te voet naar Nederland kwamen om op het land te werken en gras te maaien’.

Grietina Groeneveld-Dijkema geeft ook aan dat ze haar schoonmoeder een moeilijk mens vond: ‘Ze was geen lieve vrouw, er was moeilijk contact mee te krijgen’. Het was een moeilijke familie, vertelt ze: ‘Ik had daar grote moeite mee en kon er slecht tegen, want bij de Dijkema’s waren ze niet zo. Gelukkig niet. Bij de Groenevelds werd altijd van de ander verwacht dat die de eerste stap zette. Zelf zouden ze dat nooit doen. Stijfkoppen waren het’.

Grietina, de vrouw van Martinus Willem Groeneveld: ‘Mijn schoonmoeder was geen lieve vrouw’.

Hermina's dochter Tjaakje Renkema-Engel vertelt ook dat haar moeder erg stijfkoppig kon zijn en tijden kon zwijgen als haar iets niet zinde. 'Ze kon boos worden om een kleinigheid'. Tjaakjes dochter Herma bevestigt die beschrijving van haar oma: 'Ze maakte vaak een bozige indruk. Ik zag een keer een foto waar ze lachend op stond. Dat vond ik heel vreemd, weet ik nog'.

Nadat Herma heeft gelezen over de stugheid van de zussen vindt ze het geen wonder dat ze zich haar oma op die manier herinnert: 'Al begrijp ik nu haar boosheid of ontevredenheid wel: een 'opgelopen' kind, een dove man, een kind met het Downsyndroom, altijd armoede. Wat ik van mijn moeder heb begrepen: altijd werken en geen geld'.

Hermina's kleindochter Herma: 'Oma maakte vaak een bozige indruk'.

De tweeling Tjaakje Renkema-Engel en Gradus Engel.

Tjaakje herinnert zich dat haar moeders zuster Dina uit Almelo een keer op bezoek kwam in Woltersum en dat er toen ruzie ontstond tussen de beide zussen. 'Het gevolg was dat Dina eerder naar huis ging dan de bedoeling was, waardoor wij kinderen geen geld kregen voor de kermis. Dat zal ik nooit vergeten, zo teleurgesteld waren we'.

Meer strubbelingen

Het dichtklappen van boeken blijkt zich trouwens te hebben voortgezet in de familie want ook in het gezin van Martinus Willem Groeneveld waren er strubbelingen. Met name rond de in 2010 overleden dochter Anneke. Met broer Wim was er onenigheid, maar vooral met vader Martinus Willem. Zijn weduwe Grietina: 'Ik weet alleen dat er een meningsverschil was met Anneke, waarover speelde eigenlijk helemaal geen rol. Maar mijn dochter en mijn man waren allebei echte onbuigzame Groenevelds, dus dat kwam niet meer goed'. Martinus Willem was zelfs niet aanwezig op de begrafenis van zijn dochter.

Martinus Willem Groeneveld vlak voor zijn overlijden in 2011.

Hoofdstuk 24

Een Echte Groeneveld is onbuigzaam

Wat typeert een echte Groeneveld? Een kort lontje, volgens de ingewijden. Stijfkoppig en snel op de tenen getrapt zeggen de mensen die het kunnen weten. Nog meer? Jazeker: niet willen buigen, de ander moet de eerste stap zetten. En iemand doodzwijgen, daar is een Echte Groeneveld ook goed in.

De verwikkelingen rond Mina Groeneveld, net als de meeste van haar zussen een grote, statige vrouw, kunnen symbool staan voor de grote stroom strubbelingen in de rest van de familie. In de herinnering van broer en zus Henk en Geertje Groeneveld, kinderen van Willem Groeneveld (de enige zoon uit het gezin met 6 zussen), was er eigenlijk voortdurend sprake van onenigheid en ruzie bij de Groenevelds.

De verhoudingen tussen de 6 zussen Groeneveld stonden bol van de spanningen en onderling geruzie. Zelfs bij het overlijden van hun vader Martinus in 1943 liepen de Groningse gemoederen opnieuw hoog op: er ontstond ruzie over de erfenis. Johanna Groeneveld was het geruzie in de familie op een gegeven ogenblik zo zat dat ze alle banden verbrak. Op de foto met de klok mee: Martha, oma Tjaakje, Dina, Johanna, Hillegonda en Mina.

Volgens Henk hoefde er in de familie vaak maar één woord verkeerd te vallen of de verhoudingen waren weer voor enige tijd verstoord. 'Dan mochten we helemaal niet naar onze tantes toe…' Korte lontjes, snel op de tenen getrapt dus. 'Ja, het was raar volk'.

'Nare ruziefamilie'

Zijn vader rekent Henk niet tot deze categorie, al was het wel iemand die moeilijk zijn ongelijk kon toegeven. Dochter Geertje betitelt haar vader als een zachtmoedige man, die niets moest hebben van het geruzie van zijn 6 zussen. 'Er werd trouwens zelden of nooit over de familie gesproken bij ons thuis. Alleen in negatieve zin eigenlijk, als er weer ruzie was geweest. Nee, het was geen liefdevolle familie. Eerlijk gezegd: wat een nare, afschuwelijke ruziefamilie is het toch geweest. Ik zou bijna mijn naam gaan veranderen'.

Ik heb zelf altijd gedacht dat Willem de jongste van het gezin was, maar na hem (in 1902 in Rheine) werd de 4 jaar jongere Hermina geboren. Het vreemde is dat Geertje ook altijd van haar vader heeft begrepen dat hij de jongste was: 'Dat heeft ie altijd gezegd'. Van het bestaan van haar tante Hermina had Geertje nog nooit gehoord. Ook zoon Henk dacht dat zijn vader de jongste was.

Broer Willem en zijn 'verzwegen zusje' Hermina Groeneveld in Rheine, waar Hermina werd geboren en Willem opgroeide. De foto is waarschijnlijk in de loop van 1908 gemaakt; toen was Hermina 6 jaar en Willem 10.

Merkwaardig. Zou dat 'doodzwijgen' te maken hebben met het feit dat Hermina in 1933 ongehuwd moeder werd? Geertje kan het niet begrijpen dat haar vader het bestaan van zijn jongste zus al die tijd heeft ontkend: 'Onbegrijpelijk als hij zijn zus om die reden in de steek zou hebben gelaten. Eigenlijk neem ik hem dat met terugwerkende kracht nog kwalijk. Ik zou het nog zo graag aan mijn vader willen vragen wat daar nou achter zat. Het moet er mee te maken hebben dat zij ongehuwd zwanger raakte en een kind kreeg. De schande werd blijkbaar als te groot ervaren om dat te vertellen aan zijn kinderen. Vandaar waarschijnlijk dat hij zo streng was toen ik een jong meisje was'.

Geertje Groeneveld: 'Nee, het was geen liefdevolle familie'.

Misschien dat de kinderen van Hermina opheldering kunnen verschaffen over dit familieraadsel. Maar nee, de nazaten van Hermina, kennen hun familie ook nauwelijks. Van tante Hillegonda uit Delfzijl en oom Willem uit Deventer hebben ze vroeger 'vaag gehoord'; maar de tantes Tjaakje, Martha en Johanna zijn hen helemaal onbekend. Dina uit Almelo was de enige die wel eens in Woltersum kwam. Met de andere zussen en met Willem was er blijkbaar geen of nauwelijks contact (meer). Ook over de historie van het gezin in Rheine is niets bekend. Ze weten alleen dat hun moeder er is geboren, maar daar houdt het mee op.

Mysteries

Henk Groeneveld vertelt over conflicten tussen mijn oma Tjaakje en zijn vader. Ook in hun geval was er vaak tijden geen contact. Soms werd de ruzie bijgelegd nadat Henk op bezoek was geweest bij oma Tjaakje en mijn vader (zijn neef), met wie hij de belangstelling voor radio's deelde. Hij herinnert zich een jaarwisseling, waarop hij door mijn oma met open armen werd ontvangen. Daarna was het dan weer een tijdje 'goed'. Ook Geertje ziet oma Tjaaktje als de moeilijke factor in het geheel.

De Groenevelds in Deventer (mijn oma, haar oudere bedlegerige zus Martha en haar broer Willem) hadden onderling in elk geval nog contact, maar met de overige zussen was daarvan waarschijnlijk nauwelijks sprake. Alleen de naam van tante Hillegonda viel wel eens bij mijn ouders thuis. En Geertje en Henk hebben wel eens bij hun tante Hillegonda en haar man Albert Zandt, die bakker was, gelogeerd in Delfzijl. Ook voor Henk en Geertje Groeneveld bleven de overige tantes mysteries.

Zelf heb ik een reeks strubbelingen meegemaakt tussen mijn conflictmijdende vader en zijn zuster Annie Wispelweij-Wolters uit Almelo; de onenigheid ging meestal over de opvang en verzorging van oma Tjaakje Groeneveld. Vaak was er maanden en soms jaren geen contact. Ik kan me herinneren dat ik in 1968 (toen was oma Tjaakje al overleden trouwens) nog een keer naar Almelo ben geweest om te bemiddelen. Met succes. Daarna is er volgens mij geen sprake meer geweest van grote onenigheid tussen 'Zwolle' en 'Almelo'.

Vaak waren er strubbelingen tussen mijn vader en zijn zus Annie.

Doodgezwegen

Mijn moeder heeft vaak verteld dat er met oma Tjaakje moeilijk was om te gaan: ze werd als inwonende en verzorgende schoondochter soms wekenlang doodgezwegen als haar schoonmoeder weer iets dwars zat. Geertje Groeneveld kan er over meepraten: ‘Je oma kon heel lelijk tegen je moeder doen. Terwijl ze zich zo uitsloofde. Maar denk maar niet dat ze er tegenin ging’.

De toenmalige buurvrouw Marietje Meijer maakte van nabij hoe het ‘inwonen’ verliep toen oma Tjaakje enkele maanden in huis kwam bij mijn ouders in de periode dat ze in Emmeloord woonden. Waarschijnlijk was dat in 1953/1954. Ze kan zich dat verblijf nog goed herinneren: ‘Het was een oude, koude vrouw, je moeder had het er heel moeilijk mee’, krijg ik te horen.

Mijn moeders zus Willy Garretsen-Berends bevestigt dat: ‘Je moeder heeft haar jarenlang verzorgd, maar dat werd vaak niet gewaardeerd. Ik weet nog dat je ouders zelden samen weggingen omdat ze oma eigenlijk niet alleen konden laten’. Dat ‘doodzwijgen’ kent mijn neef Teun Wispelweij ook van zijn moeder, Tjaakjes dochter Annie. Als er een conflict was tussen zijn vader en moeder was Annie in staat tijden lang haar mond te houden. Thuis geleerd, zullen we maar aannemen.

Zou die geringe spraakzaamheid soms een echt Groningse eigenschap zijn? In elk geval waren veel Groenevelds in de familie mensen van weinig woorden. Woordkarig zou een mooie benaming zijn. Er is een typisch Gronings verhaal over een boer en zijn knecht. Elke ochtend komt de knecht op de fiets naar het werk. ‘Mogge’, zegt de knecht. ‘Mogge’, antwoordt de boer. Waarna ze zwijgend aan het werk gaan. Dan op een dag komt de knecht op een nieuwe fiets aanrijden. ‘Mogge’, zegt ie. Reactie van de boer: ‘Mogge. Nieuwe fiets?’ De volgende dag zegt de knecht zijn baan op: ‘Al dat gezeur aan mijn kop over die nieuwe fiets. Ik kan er niet tegen’.

Links oma Tjaakje met haar kleinkinderen Wilma en Gerrit Wolters, rechts staat ze achter de wandelwagen in gezelschap van dochter Annie Wispelweij-Wolters en kleinzoon Teun.

Oma's zus Martha zou ook niet gemakkelijk in de omgang zijn geweest en tussen mijn oma Tjaakje en haar zus Dina uit Almelo was er waarschijnlijk geen enkel contact, want mijn neven Teun en Tako Wispelweij - die in Almelo opgroeiden - hebben geen enkele herinnering aan Dina. Terwijl hun moeder Annie Wispelweij wel nauw contact onderhield met tal van familieleden. Ook daar zal onenigheid tussen de zussen de oorzaak zijn. En mogelijk speelden ook de communistische sympathieën van Dina en haar man Henk Hondebrink een belangrijke rol. Waarschijnlijk moest de rest van de familie hier niets van hebben.

Van Dini van Wijk-Penninkhof horen we dat haar oma Dina ook geen gemakkelijke vrouw was. Een eigenwijze 'haaibaai' die graag de baas wilde spelen, zo staat ze haar bij. 'Ze mocht graag stoken', vertelt Dini, die zich nog goed herinnert dat Dina destijds probeerde een wig te drijven tussen Dini en haar vriend Roelof van Wijk, die later haar man zou worden. Tegen Roelof zei ze: 'Dini is geen vrouw voor jou'. Dini zou niet goed genoeg voor hem zijn.

Roelof had stellig de indruk dat ze Dini zwart wilde maken, dat ze het haar niet gunde. Waarom? Dini en Roelof hebben geen idee. In elk geval verstoorde dat gestook de verhoudingen. Dina kwam wel op de bruiloft van Dini en Roelof, maar gezien het gezicht dat ze erbij trok op de foto, blijkbaar niet van harte. Dini en Roelof zijn later ook niet op de begrafenis van Dina geweest, in 1967, 7 jaar na het huwelijk.

Dina kwam wel op de bruiloft van dochter Dini en Roelof Penninkhof, maar gezien het gezicht dat ze erbij trok, blijkbaar niet van harte.

Dini kan zich niet herinneren ooit iemand van haar oma's familie te hebben gezien. Ook niet in de jaren dat Dina inwoonde bij haar jongste dochter Annie en schoonzoon Herman Lenderink in Almelo en later bij haar dochter Lien en Jan Verdriet. En tussen moeder en dochter Annie botste het ook geregeld, zo weet Dini te vertellen.

Alle zussen en broer Willem Groeneveld zijn haar en ook haar oudere broer Henk Penninkhof onbekend. Blijkbaar was er geen enkel contact mee, behalve dat Dina wel eens naar haar jongste zus Hermina in Woltersum ging (en daar al snel met ruzie vertrok…).

Dina Groeneveld, een van de zussen van oma Tjaakje, stond ook niet bekend als een van de gemakkelijkste. Ze stookte in de relatie van haar kleindochter Dini.

'Nors en chagrijnig'

Rikie Kluin-Wolters, een nicht van mijn vader, vertelt dat mijn opa Jan Wolters en oma Tjaakje op een gegeven moment gebrouilleerd raakten met de familie Wolters in Terwolde. Dat zou mogelijk een verklaring zijn voor het feit dat mijn vader nauwelijks contact had met zijn familie. De kleinkinderen hebben in zoverre iets van oma Tjaakjes stugge kant gemerkt dat ze niet bepaald een 'knuffeloma' was en behoorlijk streng kon zijn. Wie foto's van haar bekijkt, ziet echter voornamelijk een zachte, vriendelijke blik.

Mijn neef Teun Wispelweij: 'Ze was heel vaak nors en chagrijnig. Het leek net alsof ze altijd ontevreden was.' Daar waren misschien ook redenen voor: haar eerste man stierf op zijn 33ste (zij was toen 31), haar tweede echtgenoot overleed toen zij 62 was en haar gezondheid liet haar al ruim voor haar 60ste in de steek.

Teun Wispelweij: 'Ze was heel vaak nors en chagrijnig'.

Hoofdstuk 25

'Kale kakmadam' verbrak alle banden

Een van de 6 zussen, Johanna Groeneveld, was het geruzie in de familie op een gegeven ogenblik zo zat dat ze alle banden verbrak. Aan de andere kant was de familie ook niet erg over haar te spreken. Ze zou het hoog in de bol hebben. In bewaard gebleven aantekeningen van Bernard Dijk, de schoonzoon van Johanna's zus Hillegonda, wordt ze 'rijk en zeer hooghartig en hoogmoedig' genoemd.

Johanna Groeneveld als diacones en op een glamoureus portret.

De enige in de familie met wie Johanna contact hield was haar nichtje Lien Jansen, de dochter van haar zuster Martha. Van Johanna is dan ook weinig of niets bekend. Ze is nooit getrouwd geweest en kreeg ook geen kinderen. Naspeuringen leveren weinig meer op dan dat ze diacones was (een protestantse verpleegster die de verpleging als liefdewerk verrichtte) en onder meer in de psychiatrische inrichting Brinkgreven in Deventer werkte.

Later ging ze als hoofdverpleegster naar Utrecht, Rheden, Ede en opnieuw Utrecht. Haar laatste baan was in bejaardentehuis Huize Henriëtte Swellengrebel aan de Burgemeester Fockema Andrealaan in Utrecht. Daar stierf ze ook: op 29 november 1980, op bijna 88jarige leeftijd. Lien, die ook diacones wilde worden in navolging van haar tante (op wie ze ook leek), erfde haar bezittingen. De enige die Johanna nog heeft meegemaakt is mijn achterneef Dick Jansen, de zoon van Liens broer Gerard. Hij vond haar maar een 'kale kakmadam'.

Ruzie over de erfenis

Bij het overlijden van overgrootvader Martinus in 1943 liepen de Groningse gemoederen opnieuw hoog op: er ontstond ruzie over de erfenis. Henk en Geertje vertellen dat hun vader Willem op de dag van de begrafenis naar Woltersum was geweest en bij thuiskomst vertelde dat er weer strijd was geweest tussen zijn zussen.

'Het enige dat mijn vader graag wilde hebben was een ouderwetse koffiepot. Die was hem beloofd en die heeft hij ook gekregen. Verder weet ik nog dat er een stuk of 6 zilveren lepeltjes waren, dus iedereen ging naar huis met één zilveren lepeltje, maar niet nadat er stevig over was geruzied'. De koffiepot staat nu bij Geertje thuis, evenals een deel van het blauwe servies.

De koffiepot van overgrootvader Martinus Groeneveld is nu in het bezit van zijn kleindochter Geertje Groeneveld. In de Antiekcatalogus voor Nederland en België wordt deze tinnen Groningse kraantjeskan, beschilderd met bloemmotief, met lekbakje en onderstel, anno 2010 aangeprijsd voor 475 euro. Datering1850, wat waarschijnlijk betekent dat Martinus (geboren in 1860) hem ook heeft geërfd. Op de foto rechts een deel van het servies (Blau Saks uit Duitsland) van Martinus Groeneveld, in bezit van kleindochter Geertje Groeneveld en achterkleindochter Herma Renkema. Rechtsonder: een van de zilveren lepeltjes van Martinus, waarvan ik er ook nog een paar in de keukenla heb liggen.

Vredig….

Meer dan 60 jaar na het overlijden van mijn overgrootvader Martinus Willem Groeneveld stuit ik via de website graftombe.nl op het graf van mijn overgrootouders in Woltersum. Verbazing. Vooral omdat het niet is geruimd. Zou er nog iemand voor betalen? Oud-secretaris De Boer van begraafplaats De Woltershof maakt me wijzer: er wordt niet voor betaald. Omdat er nog ruimte genoeg is op het kerkhof, hoeft er niet te worden geruimd. Vandaar dat het graf nog intact is. Net als dat van Martinus' dochter Hermina en haar man Pieter Engel.

De begraafplaats ligt achter de fraaie kerk, die oogt als middeleeuws, maar pas in 1837 is gebouwd. Woltersum zelf ligt vredig en afgelegen in het Groningse land en doet denken aan Het Dorp van Wim Sonneveld: het tuinpad van mijn overgrootvader ligt er nog precies zo. Er wonen maar 300 mensen. En geen enkele Groeneveld meer. Zo heerlijk rustig…

Het graf van Hermina Groeneveld en Pieter Engel op de begraafplaats in Woltersum.

Het graf van mijn overgrootouders, nog helemaal gaaf.

Bronnen

Dat er van en over de Groenevelds vrij veel informatie is verzameld en bewaard gebleven komt in de eerste plaats omdat ze in Groningen tot de 'boerenbovenlaag' behoorden en er dus relatief veel op papier werd gezet: koopaktes, huwelijkse voorwaarden enz. Maar veel nazaten bleken ook bovenmatig geïnteresseerd in het verleden van hun voorouders want tot 2011 was er zelfs een speciale Naamsvereniging Groeneveld.

Opgericht in 1987 als een samenwerkingsverband tussen naamgenoten en andere belangstellenden. Doel: het verzamelen, ordenen en publiceren van genealogische gegevens van de families Groeneveld inclusief alle variaties in schrijfwijze. In 2010 was de Naamsvereniging Groeneveld echter op sterven na dood. Aan leden ontbrak het niet, aan bereidwillige bestuursleden echter wel. Jarenlang draaide de club alleen op Chris Groeneveld, die niet alleen genealogisch archiefhouder en penningmeester was, maar ook tijdelijk redacteur van het verenigingstijdschrift, waarnemend secretaris en websitebeheerder. Toen Chris in april 2010 na een kort ziekbed op 62jarige leeftijd overleed, betekende dat even later ook einde verhaal voor de Naamsvereniging Groeneveld.

Familiewapen

De Naamsvereniging Groeneveld had een logo, maar het enthousiasme ging nog verder: er kwam zelfs een wapen. Vanuit de voorgeslachten was weliswaar geen familiewapen bekend, maar G.W. Nanninga uit Yde heeft er in 1968 speciaal voor de Groeneveldtak van Garmerwolde een ontworpen. Het wapen is gebaseerd op het 'huismerk' dat Leenderts Jans (geboren 1689), de kleinzoon van stamvader Leendert Jans Groenveld, voor het eerst gebruikte. Een huismerk is het merkteken dat als bewijs van eigendom bijvoorbeeld op gereedschap werd gezet. In het wapenschild links in zilver het zwarte huismerk, rechts in groen 3 gouden klaverbladen. Helmteken: 3 gouden, langgesteelde klaverbladen. Dekkleden: groen, gevoerd van zilver.

Links het logo van de Naamsvereniging Groeneveld, rechts het in 1968 ontworpen wapen.

Boek van Beukema

Een andere belangrijke informatiebron was 'Het Geslacht Groeneveld van Garmerwolde' van Jan Okke Beukema, dat ik in 2010 in mijn bezit kreeg. Op het ogenblik is het boek nauwelijks nog verkrijgbaar. De in 2009 overleden Beukema dook in archieven, hing aan de lippen van zijn grootvader Okke Groeneveld (die over een geweldig geheugen beschikte), sprak met tientallen andere Groenevelds, maakte gebruik van gegevens over de eerste geslachten die al door anderen waren verzameld en bundelde zo in 1992 een schat aan informatie in zijn boek dat met gerust hart een standaardwerk mag worden genoemd. Hij veronderstelt in zijn boek dat in 1812, toen de naam Groeneveld werd aangenomen, meerdere mensen op meerdere plaatsen in Nederland op datzelfde idee kwamen: 'Is het trouwens alleen maar toeval dat de betekenis van de naam Groningen (Groene Inge = Groen Veld) eigenlijk Groeneveld is?'.

Links Jan Okke Beukema en rechts zijn grootvader Okke Groeneveld.

Overige bronnen:

'De Groeneveld's van Garmerwoude' door ir. T.P.E. de Klerck in Gens Nostra 20 (1965)

'Een familieboek, de kijk van een Wijk op de Wijken in hun tijd' door wijlen dr. P. H. Wijk

Woltersum door de Werkgroep Boek Woltersum

Centraal Bureau voor Genealogie

Boerderijen Gemeente Ten Boer en Overschild 1595-2005, auteur W. Pastoor

Zoastwas, site van de Historische Vereniging Gemeente Bedum

Vrouger, site over de geschiedenis van de gemeente Ten Boer

Graftombe.nl

Alle Groningers, site van de Groninger Archieven

Die Textilindustrie der Stadt Rheine door Peter Heckhuis

Schotthock, Geschichte eines Rheiner Stadtteils door Peter Heckhuis

Colofon

Met veel dank aan:

Bernardus Dijk †

Jakob Dijk

Lien Dijk-Zandt †

Gradus Engel †

Harry Engel

Willy Garretsen-Berends

Geertje Groeneveld

Henk Groeneveld †

Tiny Groeneveld-Dijkema †

Wim Groeneveld

Peter Heckhuis

Annemarie Heite

Wouter Huese

Hannie Huiskamp-Been

Dick Jansen

Rikie Kluin-Wolters †

Eppo van Koldam

Paula Kragten

Alko van der Laan

Hein van Maar

Klaas Heine van Maar †

Marietje Meijer

Aljan Makken

Tiemen Jan Meulema †

Alie Meulema-Bergs

Angelique Middag-Kamphuis

Sijbrand Nijhoff

Gerrit Jan Pelleboer †

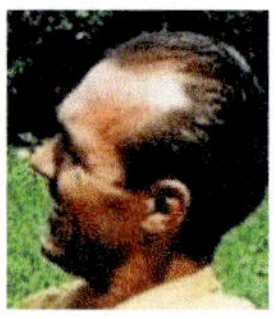

Henk Penninkhof †

Herma Renkema

Tjaakje Renkema-Engel †

Wilma Siefers

Gerrit Verdriet †

Dini van Wijk-Penninkhof

Tako Wispelweij

Teun Wispelweij †

Lammert Wolters †

Harm Jan Zuidema

Nawoord

In juli 2019 maakte ik samen met zoon Matthijs en dochter Mariola Wolters een ronde langs de Groninger wortels. Het woord roots zou in dit verband misplaatst zijn. Voor mijn kinderen was het een ontdekkingsreisje naar het land waar volgens auteur Lammert Voos - telg van de Groningse kleigrond - lachen als een zinloze activiteit wordt ervaren en waar alleen in korte zinnen wordt gesproken (als er al gesproken wordt).

Voor mij was het ook een inspectieronde of de Groeneveldhistorie de laatste jaren nog een beetje overeind was gebleven. Dat viel tegen. Dat de boerderij van Willem Jans Groeneveld aan Ter Laan bij Bedum door het aardbevingsgeweld was verdwenen wisten we natuurlijk al. Maar ik had nog niet gezien dat de nieuwe (zogeheten aardbevingsbestendige) houtskeletbouwwoning van Annemarie Heite en Albert Ubels toch schade had opgelopen. Oorzaak: een stevige aardschok bij Westerwijtwerd op 22 mei 2019 met een kracht van 3,4 op de schaal van Richter. Gevolg: bijna 5000 schademeldingen.

'Het houdt niet op', verzuchtte Heite tegenover RTV Noord, 'je ziet dat de schade blijft komen'. Het grootste deel van hun nieuwe onderkomen bestaat uit hout, maar de onderste rand is van steen. En daar waar de bakstenen zitten, zijn nu op meerdere plaatsen scheuren ontstaan. Er is geen instortingsgevaar, maar na een jarenlang durend gevecht tegen de NAM, de sloop van de oude 'Groeneveldboerderij', een verblijf van drie jaar in een container op het erf en na pas vijf maanden woongeluk in hun nieuwe huis, voelde Heite de woede weer boven komen: 'Ik draag zo'n stuk boosheid met mij mee. Ik kan die hoofden niet meer zien en sta niet voor mezelf in als ik ze tegenkom'. En tegen het AD: 'Den Haag geeft geen fuck om ons'.

Maar bij die ene teloorgang bleef het niet. Op zoek naar de oudste boerderij die ooit in het bezit van de Groenevelds was geweest - Veldlust aan de Kollerijweg in Wittewierum - wachtte de volgende teleurstelling. Geen steen meer overeind van wat eens de monumentale boerderij was, waar voorvader Jan Leenderts vanaf 1697 had gewoond.

De (eens) monumentale voorgevel van Veldlust.

Voor melkveehouder Aart Muilwijk werd het in standhouden van het erfgoed te kostbaar: 'Er moest een nieuw dak op, de kozijnen waren aan vernieuwing toe, er was weinig comfort en de verzekeringspremie was hoog. In 2013 hebben we een sloopvergunning aangevraagd en daarna nieuwgebouwd'. Dat de historische vereniging geen alarm sloeg toen de bouwaanvraag werd ingediend, kwam Muilwijk niet slecht uit.

Pleisterplaats

Gelukkig is in Woltersum niets veranderd. Het graf van mijn overgrootouders ligt er nog zonnig bij en het huisje aan de K. de Boerweg 11 waar Martinus Groeneveld de laatste jaren van zijn leven woonde, oogt als in zijn jonge dagen.

Zoon Matthijs en dochter Mariola voor het huisje van hun betovergrootvader Martinus Groeneveld.

Het café bij de brug - recht tegenover zijn boerderij aan de Kollerijweg 22 - ziet er op het oog nog precies zo uit als pakweg 50 jaar geleden. Bruiner vind je ze niet. Niet dat Martinus toen nog leefde, maar de eigenaar verzekert me dat zijn café al van oudsher een pleisterplaats was. En Martinus zijn hobby's kennende, heeft hij daar vast heel vaak 'gepleisterd'.

Café De Witte Brug, voorheen café Schuurman, waar de tijd in elk geval de laatste 50 jaar heeft stilgestaan. Op de Googlemaps-foto rechts is goed de korte loopafstand te zien tussen de boerderij van Martinus Groeneveld aan de overkant van de witte brug en het café links.

De komende jaren verwacht ik weinig nieuwe aanvullende informatie over de Groninger historie van de Groenevelds. Met als uitzondering het boerderijenboek over Bedum, waar al sinds 2002 aan wordt gewerkt. In totaal zullen ongeveer 250 boerderijen in Bedum en omgeving worden beschreven, inclusief de al verdwenen exemplaren. Daarin zullen ongetwijfeld de gesloopte boerderij van mijn betovergrootouders en de 'verzopen' en eveneens verdwenen boerderij van overgrootvader Martinus Groeneveld worden genoemd.

Wellicht dat de komende jaren nog meer erfgoed van de Groenevelds zal verdwijnen. Mogelijk duikt er nog eens een oude foto op, maar daar zal het waarschijnlijk bij blijven. De verhalen zijn verteld, de meeste foto's verzameld, de archieven grotendeels nageplozen, de historische plekken meermalen bezocht en de hoofdpersonen zijn overleden.

't Het mooi west!

Gerrit Wolters - Juni 2020